이윤선 드림

청어詩人選 506

나무숲

이윤선 시집

청어

나무숲

이윤선 시집

시인의 말

시인은 시를 써야 시인이다!

나는 나의 신념의 법을 따라가겠다!

2025년 8월
이윤선 씀

차례

5　시인의 말

1부　매미는 같은 소리로 울지 않는다

12　나는 매미처럼 이 여름을 울고 싶다
13　여름의 민낯
14　달맞이꽃
15　환한 잠
16　앵무새
17　도움닫기
18　능소화
19　깨금나무
20　물총새
21　그럼에도 불구하고
22　금꿩의 다리
23　도봉천의 아침
24　그늘 방석
25　춤추는 그늘
26　변주를 위한 변덕
27　담쟁이
28　참느릅나무
29　무궁화

30　스위프티 국화
31　거미
32　잠자리 떼
33　아침의 노래
34　꿉꿉한 비가 내리는 아침

2부　천사가 만든 감정들

36　새벽의 묵시록
37　1인극
38　땀띠맨
40　웅크린 아이
41　거름망
42　비명 때리기
43　말벌 소동
44　연꽃
45　장마 끝난 아침
46　회귀
47　의자의 잠
48　녹천교 아래서
49　물꽃
50　돌멩이에게
51　아침 산책
52　내 마음이 신에게 닿았다
54　생의 절벽 앞에서

56 배추흰나비 애벌레에 대한 기억
58 새벽
59 겨울 단상
60 꽃등
61 꽃사과
62 꽃은 그림자도 예쁘다
63 꽃환승법
64 물칭개
65 목련꽃

3부 착한 새들은 쉽사리 울지 않는다

68 산사나무 1
69 산사나무 2
70 산사나무 3
71 느티나무 아래서
72 첫눈
74 강원도 고성 은행나무 1
76 강원도 고성 은행나무 2
80 무봉리 느티나무
81 팽나무
82 원주 문막 반계리 은행나무
83 참나무 숲에서
84 용문사 은행나무
86 그대라는 바다에서

88 목수국

91 A = B다

92 방생

93 덫

94 돌탑

4부 흰 꽃의 귀띔을 듣는 시간

96 그날의 보성강에서

108 표범장지뱀

144 [방명록]

평론 _최창일(이미지 문화평론가)

150 '새로 생긴 저녁'을 그려내는 시의 탐험

1부

매미는 같은 소리로 울지 않는다

나는 매미처럼 이 여름을 울고 싶다

올해는 매미 소리가 쨍쨍쨍 꽹과리 소리처럼
내 가슴에 파고든다
나는 접신된 매미 울음소리로 가득 울고 싶다
속으로 울고 있는 내 마음이
저 무수한 울음들을 자석처럼 끌어당기고 싶다
나는 인간이라서
울음보를 터트리는 것에도 자존심이라는 것이 있어
통곡하고 울부짖는 것에도 체면 따위 같은 알량함이 필요해서
매미의 울음들을 왕창 다운로드해 와서
매미들이 여름을 울어대싸서 몸살을 앓는다고
핑계를 대고 싶다
나는 결코 울지 않는데
저 염병할
참매미 말매미 유지매미 애매미 쓰름매미 털매미 늦털매미 소요산매미 참깽깽매미 호좀매미 세모배매미 두눈박이좀매미 풀매미들이 몰려와 운다고
매미 소리로 와장창 와장창 슬픔들을 깨부수며 울고 싶다
나도 저 매미들처럼 여름을 목 터지게 울고 싶다

여름의 민낯

허물을 벗은 매미들
이파리 사이에 숨어 소리를 지른다
돌은 이명 속으로 날카롭게 날아와 꽂힌다
불콰하게 끈적거린 열기가 능숙하게
그 소리들을 핥아먹는 오후
그늘 속으로 튀어 들어온 바람을 낚아챈다
목청에 부채질한 매미 떼가
또 괴성을 나무 밖으로 집어 던진다
괴로운 생이라고 악을 쓰고 있다

달맞이꽃

노란 꽃을 입고
혼자 피고 혼자 진다
밤에만 날개를 여는 나비 떼들
바람이 입김을 불어준 만큼만 날아다닌다
닿을 수 없는 눈물겨운 외사랑일지라도
제 운명을 받아들인 꽃
매미 소리 스며든 귀를 펄럭이다가도
잠자리 날개 소리 듣고 얼른 정수리 내주는 꽃
밤의 꽃, 제 한낮을 닫아건 저 달꽃

환한 잠

달맞이꽃은 낮을 끄고 잠든다
눈부신 잠 속에서
자기를 헐렁하게 덮고 환한 꿈을 꾼다
바람이 노래를 불러주기도 하는 들녘
꽃문을 열고 나비와 잠자리가 들여다본다
연노랑 날개를 펴고 접는 밤과 낮의 추
땡볕이 뜨겁게 핥다가 미끄러지기도 한
맨몸으로 잠든 달꽃
여름을 베고 백야처럼 환한 잠 속에서도
향기가 달을 향해 흘러간다
변함없이 달에게 닿아 있는 외사랑꽃

앵무새

매미보다 더 간헐적으로 울어대던
뒷집 지하 앵무새 한 마리
탈출해서 우리 집으로 날아들었다
자유를 찾아 밖의 세상으로 도망쳐 본 앵무새
지글지글 들끓는 대서 더위에 놀라
제집으로 돌아간다는 것이
남편에게 불시착했다
사람의 어깨 위에서 길들여진 습관 때문인지
잘 돌보지 않고 빽빽 울려대는 제 주인보다 좋은지 아주 오래오래 앉아 있었다
손님이 신기하여 쓰다듬는 순간까지
천연덕스럽게 어깨를 빌려
시원한 에어컨 바람까지 쐬고 도망갔다
그날 밤 뒷집 지하에선 앵무새가 울지 않았다
어떤 결심이 일부러 길을 잃었는지
모를 일이었다

도움닫기

물새들
아침을 튀어 오른다
물수제비를 띄우듯
물갈퀴로 수면을 팅기며 나아간다
날개가 허공을 힘차게 밀치면
하늘이 뒤로 젖혀지며 포문이 차례차례 열린다
따라가던 물방울이 손을 놓을 때
무지개꽃 피어난다
이 물에서 저 물로 가는
컷컷의 생들
다시 물로 우수수 떨어진다

능소화

누군가 함부로 던진 상처를 품고 있어도
나는 나에게 언제나 꽃이었다
긴 줄을 타고 올라와
저 구름을 피워올린 하늘을 바라볼 줄 아는 환한 꽃등이었다
날카롭게 후려치는 바람 앞에서도
나는 꽃이 아닌 적이 없었다
꽃으로 와서 꽃으로 살다가
툭, 떨어져 내 생을 다해도
나는 한 번도 꽃이 아닌 적이 없었다

깨금나무

내 유년의 그 산에는 도깨비불도 있었고
깨금도 있었다
깨금깨금 깨물다 깨금 파편에 피 흘리던
돌로 내리치다 빗나가 마당 저편으로 튕겨가 버리던
공깃돌처럼 가지고 놀던
잠든 동생의 볼록한 주머니에서 또그르르 굴러 나오던
도깨비가 놀라 요술 방망이를 놓고 가지 않았을까 두리번거리던
순진한 생각들이 참 우습던
고소한 맛에 깃든 허무맹랑한 소원만 풍선처럼 부풀던
내 고향 깨금나무와 도깨비불은 잘 있을까

물총새

물에 총을 쏜다
총을 옆구리에 찬 것은 아니다
제 몸이 총알이 된 것이다
맨몸으로도 속도를 뚫는다
몸 하나로 생을 뚫는 저 물총새

그럼에도 불구하고

홍수가 인정사정없이 훑고 지나갈 때
물에도 뼈가 자라고 있을 때
가속도를 붙여 채찍을 후려칠 때
흙과 돌과 풀들이 휘감겨 나가떨어질 때
나무뿌리까지 뽑아 들고
소리치며 휩쓸고 갈 때
제 혀끝에 닿은 것들을 다 파괴하며 부술 때
집들과 목숨들을 허망하게 수몰시킬 때
마수가 깊게 뻗친 둑방에
쓰러진 해당화 두 송이가 부유물을 뒤집어쓰고 피었다
잔인한 시간을 잔인하게 받지 않고
제 빛을 모아 눈물겹게 핀 해당화
와락, 희망을 안는다

금꿩의 다리

소흘읍 광릉숲
한 귀퉁이를 밀어올린다

금꿩의 발자국이 디뎠던 자리마다
꽃을 피운

가녀린 다리로
여름을 퍼 올린 연보라 꽃잎 속
노란 꽃술이 부시다

꽃이 주먹을 쥐었다 펴는 일은
꽃 마음 여는 것

뿌리가 무슨 일을 했는지
투명하게 보여주는 것

자기를 증명하는 일이
환한 꽃 피워내는 일

경중경중 걸어 다니며 핀 꽃
그 곁에서 나도 사람꽃이 되어본다

도봉천의 아침

메꽃이 천변을 따라 꽃을 켜났다
쑥대궁과 갈대를 감아 올라
감출 것 하나 없다고
제 속을 다 열어 보여준 꽃
긴 둑 따라 순하게 흐르는 물소리에 귀를 맞댄다
피라미들 춤추는 풍광 속으로
메꽃은 자꾸 물에 제 모습을 비춰본다
여백을 걸어나가 꽃등을 켠다
천둥오리들 물갈퀴로 물을 갈아엎을 때
꽃주름 물주름 섞여 든다
벚나무들이 껑충한 키로 내려다보고
매미가 여름을 절창하는 사이
꽃물 든 물 중랑천을 향해 흘러가는 아침
하늘과 땅을 잇는 중매새들 날고
꽃물 든 내 마음도 따라간다

그늘 방석

흐느적거리는 된더위 속으로
잠자리 떼 용감히 날고
그늘을 벗겨낸 느티나무
제 둘레에 자기 스스로가 멍석이 된다
모듬모듬 작은 빛덩이까지 뛰어들어
더운 숨을 부려놓고
제 그림자 데리고 날아든 매미 소리 쏟아진다
우듬지 둥그런 느티나무
제 배꼽 둘레에 넓게 그늘을 편 오후
잠자리는 된더위를 날개에 얹고 잘도 날고
나는 엎어진 그늘에 푹 안긴다

춤추는 그늘

땅으로 사뿐히 내려온
나무 그늘이 몸을 흔든다
그늘과 그늘들이 겹쳐 꿈틀거린다
그늘의 틈으로 햇살이 행간을 반짝인다
그늘들이 하강하여 서로 껴안고 알을 슨다
서서 생을 견디는 저 아찔한 높이의 나무들도
쉼이 필요하여 그늘을 낳는다
붙박이 생도 음과 양의 조화에 서늘한 바람을 키운다
혼자는 외로워서 그늘을 거느리고 추는 춤
생의 농담이 진하게 퍼진다

변주를 위한 변덕

그림자는 유령일지도 모른다
집요하게 따라다닌다
무시하거나 망각해도
기억 너머로 넘겨 버릴 때도 끈질기게 붙어 온다
변덕에도 뿌리가 있나 보다
제 기분대로 형체를 바꿀지라도
질긴 인연으로 따라다닌다
키가 줄어들거나 늘어나도
무게는 전혀 없는 이상야릇한 것
이별을 거세한 저 끈덕진 것
낮은 자세로 엎드린 것
긁히거나 찔리고 밟혀도 생채기 하나 없는 것
그림자는 어쩌면 제 분신을 지키는
천사인지도 모른다

담쟁이

끊어진 기억을 더듬으며 오른다
담벼락에는 작년의 단서들이 널려 있다
그 흔적들을 따라 직선의 힘을 밀어올리거나 길을 잃으면 되돌아 더듬어 내려오는 여정
담쟁이의 발자국들이 분분하다
줄기와 더듬이 손과 잎을 미는 뿌리의 힘
뻗어 오르는 아찔함마저 푸르다
바람이 귓불에다 시원함을 펄럭여준다
햇살이 잎 잎에 펴 발라주는 빛이 미끄러지기도 한다
배달되는 비의 포만도 담벼락을 짚고 누린다
기억의 발자국들을 가늠하며 딛는 푸른 전진
붙잡고 기어오르고 뻗어가는 푸른 영토
담쟁이는 망설이지 않고 제 운명을 살기 위해 가열하게 오른다
직선의 기억이 멈추는 곳에서 숨 한 톨로 멈출 때까지

참느릅나무

기울어진 어깨에도
새 둥지를 얹는다
추우면 추운 대로
바람 불면 부는 대로
태풍 몰아치면 몰아친 대로
화로 같은 불볕 견뎌내며
한 세계와 두 세계가 같이 생을 건딘다

무궁화

제 환한 속을 다 보여주기로 작정했다
얻어갈 수 있는 것
누릴 수 있는 것
피고 지는 동안 나눠야 하는 것
소통해야 하는 것
제 속을 아낌없이 활짝 열어
나비든 벌이든 진득이든 개미든
바람이든 해든 비든
모두 다 푹 쉬었다 가라 한다
무궁이 무궁해질 때까지
제 환한 속을 떡고물 묻힌 고소한 맛으로
서로를 잘 살면 된다고
이 꽃이 문 닫으면 저 꽃을 열어 맞아들인다

스위프티 국화

꽃잎을 껴입고 춤춘다
잘 닦여진 파란 하늘
쨍하게 스치는 바람을 바르며
나비와 벌들의 날개를 품는다
이보다 완벽할 수 없는 시간
가을을 겹겹이 피어오른다

거미

저 고약한 것
관계를 먹잇감으로 인식하는 버르장머리
촘촘하고 정교하게 짜인 함정
애저녁에 눈치챘는데
내 점 내가 치면서 살 줄 아는 혜안 있는데
너라면 걸려들겠니?
이 괘씸한 것

잠자리 떼

깔다구들에겐 얼마나 무서운 군단인가
날면서 살육하는 입들
날개를 자유롭게 급회전해서
비명까지도 먹어치우는 잠자리 떼
풀섶과 물 위에서 허공에서
가득 스치는 날개 소리
해충으로 와서 먹히는 깔다구들
얼마나 가벼운 목숨인가
게걸스럽게 먹어치우는 익충에게
아침의 햇살 속에서
한낮의 뜨거운 열기 속에서
노을의 배경 속에서
살육의 날개를 꿈꾸듯 구경하지만
깔다구들에겐 얼마나 무서운 천적인가

아침의 노래

불암산이 태양을 틀었다
기상한 눈이 벌겋다
등잔 밑은 덜 깬 잠이 아직 깔려있으나
촉수를 뻗어가 북한산을 먼저 어루만진다
그만큼의 거리를 오늘 살아낼 작업량을 가늠한 것이다
태양이 늠름하게 호명하는 소리에 맞춰
수목이 하품하며 일어나고
집들이 눈을 뜨고
자동차가 생업을 나르고
뚜벅이들의 맨몸이 힘차질 것이다
태양은 정오를 지나 북한산에 닿아
비로소 자기가 빠져나온 하루를 뒤돌아본다
노래가 아닌 것이 하나도 없다
삶이 아닌 것이 하나도 없다
사멸하는 것들까지도 생으로 보듬어 주었다
흐뭇하고 보람찬 피곤이 붉어져
북한산을 덮고 잠들러 가는 밤
불암산이 다시 태양을 고이 받아와
내일 아침을 틀 것이다

꿉꿉한 비가 내리는 아침

마음까지 습기를 먹어
축축 처져 무거울 때
덜 깬 잠이 이불을 말아 잡아당길 때
이웃의 개까지 앙칼지게 컹컹거린다
저놈의 개새끼
100데시벨쯤의 울음
개 주인의 청력은 짱짱한가 보다
짖는 심사를 진정시키지 않는다
틀어막은 귓속으로 아침이 쨍그랑쨍그랑 깨진다
어떻게 퍼즐을 맞춰 하루를 살아내야 할지
벌써부터 막막하다
선풍기 3대와 18도로 맞춰진 에어컨으로
습기 가득한 나를 말려본다
기도가 끙끙 새어 나오는 아침

2부

천사가 만든 감정들

새벽의 묵시록

희뿌연 새벽녘
누군가 내다 버린 푹 낡은 의자에
척추가 구부러진 노인이 위태롭게 다가가 앉는다
간신히 다리만 버티고 있는 의자가 순간 휘청인다
쓸모를 다해 가는 이들끼린 서로를 알아본 걸까
중심이 흔들리는 여섯 다리가 삐걱거리며 버텨준다
밖의 마음들끼리 합을 맞춰가는 소리의 축
시간은 정지된 듯 박제되고
뭉클한 장면을 골목이 오래오래 붙든다
누추 두 채, 바람이 신처럼 기웃거린다

1인극

초초폭염 들끓은 롯데백화점 사거리
막걸리를 손에 든 사내가 출몰했네
중얼중얼 열기 속을 허우적거리네
깡마른 사내의 육신이 거리 속으로 녹아내리네
들끓은 심사가 술에 푹 익어 출렁거리네
중심까지 불콰한 사내
무단횡단을 푹 질러 들어가네
목숨 따윈 무섭지 않다는 듯 그 무모함이
개좆도타령을 한바탕 육자배기로 질러대네
분노에 찬 경적 소리가 에워싸네
그 사내의 페퍼X맛을 푼 4거리가 지글지글 끓네
엉킨 차들끼리 불쾌지수를 질질 흘리며 쏟아내네
술의 힘이 질서를 무질서로 지휘해 놓고
욕설의 꼬리를 물고 비틀비틀 사내가
무대 밖으로 퇴장하네

땀띠맨

더위가 수그러들 줄 모르고
고개를 맹렬하게 쳐든 저물녘
땀이 그린 지도를 입고 늙은 단골 들어선다
시간이 빼간 이빨이며 헐거워진 살이며
주름진 계곡이 굳은살로 박힌 노장
구릿빛 너머 검은 피부가 고단함을 대신 말해준다
에어컨도 없는 여섯 평 인테리어 공사에 땀띠가 온몸에 번졌다
살얼음 낀 요구르트를 단숨에 마시고
땀띠가 들끓은 몸을 까서 하소연해 온다
유년의 내 몸에도 피었던 저 땀띠
땡볕에 콩밭이며 고구마 고랑이며 벼논에 피를 뽑고 옴처럼 옮던 그 땀띠들이 오버랩된다
저 늙은 현역
발 뻗고 살 수 없는 가계 살림살이가 녹록지 않아 뜨거운 여름밥 벌어먹어야 하는
아직도 고달픈 우리 늙은 단골
땀띠가 머리끝에서 발끝까지 돋아 오른 고통이 나에게도 옮아 전율케 한다
생의 고달픔과 맞닿은 몸으로 불볕을 개간하고 돌아온 저녁답

땀띠를 짊어지고 퇴근한 우리 늙은 단골
짠한 표현도 말문을 막고 말았다

웅크린 아이

새벽 자전거를 타고 가는데
어느 해 장마철에 사람이 맨홀에 빠져 죽은
그 옆에 중학생으로 보인 아이가
쭈그리고 있다
두 팔로 두 다리를 오므리고 가랑이 사이에
얼굴을 푹 묻고 있다
그 옆에는 초록색 따릉이가 받쳐 있다
사방팔방 누울 곳도 벤치도 저리 흥청흥청 널려있는데
왜 저렇게 쭈그린 잠을 자고 있나
이른 새벽 왜 집을 나와 저러고 있나
안타까운 마음이 훅 끼쳐온다
고개를 꺾어 돌아본다
두 아름으로 올라오는 연민이 흔들려 온다
밤톨처럼 오목한 뒤통수
내 자식처럼 가만히 쓰다듬어주고 싶다는 생각 끝이 번뜩했다
어쩌면 그 죽은 사람이 저 아이 엄마였을지도 모른다
그러고 보니 작년에도 그 자리에 한 아이가 웅크리고 있었다는 것이 기억이 났다
자꾸… 자꾸 꼬리를 무는 생각들이 길게
안타까워하며 따라붙는다

거름망

생각을 출발해 버린 말
시속 200㎞로 달려나가는 말
사자후를 내뿜으며 목을 통과하고 있는 말
너의 형편없는 점수를 매긴 말
개똥에 발라놓은 그 더러움을 후려칠 말
수도 없이 찔러 네 피로 칠갑을 하고픈 말
말의 죽음 속으로 쓰러져 본 말
괴물과 싸우다 괴물이 되어버린 말
필사적으로 혀끝에서 잡아당겨 온 말
너에게 닿지 않았음을 감사하라

비명 때리기

모다깃비에 안겨
버드나무가 흐느껴 우는소리를 듣는다
왜 우느냐고 물어보지 않아도
알 것 같은 처연한 목젖
가지들은 서로를 붙들고 어깨를 떨며 운다
서러운 뼈를 늘어뜨리고 운다
흘러내린 운명을 안고 운다
적막이 접시처럼 쨍그랑쨍그랑 깨진다
108 번뇌를 안고
모다깃비로 우는 슬픈 저 한 그루
너는 나이고 또다시 나는 너다

말벌 소동

 올해도 어김없이 우리 집으로 염탐하러 왔다
 염탐꾼 두 마리는 제압했으나
 처마 끝에 쥐도 새도 모르게 집이 지어졌다
 날개 소리마저 은밀한 그들에게 속수무책 당했다
 60년이 넘은 내 집 속으로 필사적인 그들
 많고 많은 건물 중에 밀고 들어오기엔 만만하고 물렁했나 보다
 손님들이 들락거리고
 우리 가족들이 살고 있음에도 아무도 눈치채지 못했다
 옆지기는 겁에 떨었다
 저 사내는 왜 매번 문제 앞에서는 내 등 뒤로 숨는 걸까
 목구멍이 울컥했으나 119를 부르라고 방법을 알려 주었다
 소방차가 달려와서 제거해 줬다
 벌써 애벌레들까지 방방마다 다 자라 꿈틀거리고 있었다
 무엇에 이끌려서 이렇게 집요한지
 더위가 가려면 아직 당당 멀었으므로
 한바탕 소요가 더 왔다 갈 것이다
 말벌과의 전쟁이 우리의 여름을 더 공포스럽게 만든다

연꽃

가만히 합장하고 있는 손을 본다
간절한 것들이 저 합창한 손에 모아져 있다
솟아오른 저 봉오리는 저의 간절함을 뿌리 깊이 심었을 것이다
제 근원이 진흙에 맞닿아 있음을 아는 것
제 잎을 거느리고 나와
손을 모으고 깨달아 가는 여정이 숨겨 있다
겹겹의 빗장을 풀 때까지
겹겹의 꽃 마음으로 열리기까지
겹겹의 열반에 들기 위해
두 손을 저리 모으고 있다

장마 끝난 아침

나무 겨드랑이를 비춰주는 햇살
물기를 닦아주는 수건 같다
새의 죽지에서 떨어지는 물방울
여우구슬 되어 흩어진다
틈을 열어주는 세상의 틈 사이로
빛의 알갱이들이 산란하면
싱그러운 문이 열리고
마음까지 개운하게 닦인다
키 작은 돌탑들도 젖은 어제를 말린다

회귀

내 몸이 시드느라고
꽃이 피었던 자리
잎맥이 푸르게 번져간 자리
너울 춤추며 가지가 뻗어간 자리
신전 기둥처럼 우뚝 몸통을 들어 올리던
뿌리의 악착스러움까지
내 몸이 이제 집으로 돌아갈 때가 되어
시드는 채비를 하고 있다
통증에 엎드린 한 그루의 육체
생의 오체투지를 끝마칠 때가 되었나 보다
내 몸이 시들고 있다

의자의 잠

부산한 피곤들이 앉았다 가는
은밀하지 않는 말의 고저들을 쏟고 가는
슬픔들이 외로움들이
분노들이 쓸쓸한 것들이
수많은 통화들이 왔다 가는
먹거리들을 내려놓고 먹고 가는
냄새와 향기와 허기 사이 어디쯤의 거기
개미 발자국들이 기어다니는
비둘기와 까치와 까마귀와 들고양이가
눈치를 보며 왔다 가는
사람 흉내를 내는 강아지의 엉덩이와
바람과 비와 햇살까지 진맥을 해주는
그러나 끝내 발설하지 않고 다독여주는
정갈하게 위로를 빚던 의자
칠 벗겨진 곤한 잠을 꾸벅인다
새벽이 살뜰히 쓰다듬는다

녹천교 아래서

수도 없이 넘어지는 외발자전거
늙은 사내는 제 몸에 상처를 덧씌운다
걸음마를 배우는 아이처럼
사투를 벌이는 외발로 서기
아직도 외발로 서야 할 그 무엇이 있다는 듯
늙음 속 젊음을 즐기겠다는 듯
아주 집요하고 끈덕지게 외발 위에 발을 올린다
외발의 중심을 눈물겹게 연습한다
얼굴이 갈리고
무릎과 손이 까지고
멍든 자국들이 푸르뎅뎅 흉해져 가는 저 늙은 남자
오늘은 기어이 119차를 탔다
그냥 두발자전거를 타면 안 되나
한강과 구리와 양평까지 달릴 수 있는데
차라리 도시락을 싸 들고 유랑하듯
아침해를 몰고 나가 석양을 짊어지고 돌아오면 안 되나
저 늙은 사내를 그 멋진 세계로 데리고 가고 싶다

물꽃

빗방울들이 강에 떨어진 순간 물꽃이 된다
겹겹의 꽃들이 만개하여
찰나를 넘어가 무한의 끝에 가 닿는다
빗줄기가 물의 평면을 뚫는 것은 꽃의 기억을 심는 것
세상의 동그라미들은 그 기억 너머에서
공중을 나는 새들의 눈동자와
키 작은 허공을 뚫고 가는 우산과
바퀴들의 둥근 속도 속에서
둥근 힘으로 도처에 가득 피어난다
뿌리가 없어도 물꽃이 피듯
뾰쪽한 세상의 어디쯤엔 동그란 역설이 숨어
처음과 끝이 맞닿아 결국 동그란 생이 된다
찌그러져도 빗방울은 오늘도 물꽃으로 핀다

돌멩이에게

석양이 내려와 쬐어주는 시간을 봤다
바람이 혓바닥으로 살뜰히 핥고 지나가는 것을 보았다
질펀한 흙탕물을 견디는 것을 봤다
비가 씻김굿을 해주고 가는 것을 보았다
우거진 풀과 어깨 기대어 도란도란 얘기하는 걸 들은 적 있다
눈과 귀와 마음이 없는 줄 알았는데
안으로 걸어 잠근 문만 있는 줄 알았는데
따뜻이 다가오는 것들을 가슴으로 받들어 가는 것을 보았다
누군가가 누군가에게 던질 때는 폭력이 되는 돌
스스로는 구르거나 날리는 일 없는
무한의 궤도에 엎드려 수행하는
돌멩이를 보았다

아침 산책

비도 풀잎에 앉으니 푸른빛이 스며든다
고개 숙여 들여다보자
내 모습이 담기고
아파트 모습도 담겨오고
자동차 소리들도 달려와 담긴다
맑은 것들은 기적 같아서
생의 한숨마저 새어 나가게 한다

내 마음이 신에게 닿았다

마침 아프고 싶었던 찰나 잘 되었다
신이 내 마음을 읽으신 거다
여름은 라면 냄비처럼 들끓고
내 인생은 큰 탈 작은 탈들이 탈탈 떨어지고
좋은 마음도 폭풍에 휩싸였는데
기가 찬 세상에게 기가 턱 막혀서 내가 그만 지쳐 버렸던 것이다
잔인하다고 밖에 말할 수 없는 생의 난타극
코너까지 밀쳐지면서도 지쳤다는 걸 들키지 않으려 사력을 다했으나
나는 숨조차 쉬지 못할 만큼 힘들었다
이 절체절명을 신이 멋지게 카드로 썼다
꿰맨 발을 다시 터지게 하고 다시 꿰매게 했고
더불어 감기와 가려움까지 고봉으로 은혜를 내렸다
걸으면 안 된다는 것과 에어컨 바람까지 쐴 수 없다는 주의사항을 경고받은 특단의 처방약
사람에 대한 염증과 균열과 서러운 분노
돌이킬 수 없는 극단의 노여움이 터져 오르던 찰나
나를 병마로 가둔 조치
이만하면 신이 중재를 잘한 것이다
내 육체를 쳐서 한 박자 쉬어가게 한 것이다

내가 한때는 신을 사랑했던 자였으니
이렇게라도 내 영혼을 닦아주고 계신 것이다

생의 절벽 앞에서

간판들이 절벽에 매달려 있다
생존 싸움의 아우성들
어제는 족발집이 그제는 삼계탕집이
오늘은 30년도 넘게 버텼던 서울식당이 문을 닫았다
버틸 만큼 잘 버텼다
손님들의 발자국을 먹고 살았고
문고리를 먹고 살았고
테이블과 의자와 숟가락과 그릇들을 먹고 살다 갔다
담배와 가래침과 주정뱅이와 욕설을 먹고 살았던
희극보다 비극이 더 많이 넘나들었던 간판 아래
생존이 절벽 앞에 서서 버티는 일이라는 것을 알아
떠밀리지 않으면 떠밀어야 하는 비정한 절벽 위에서의 싸움
저 골목 끝을 휘돌고 동서남북으로 뻗어 올라간 간판들
영원한 것은 아무것도 없다는 듯
비명을 지르며 빠르게 교체되고 있다
목숨까지 데려가는 커밍아웃
헌 간판을 밀고 새 간판으로 둥지를 지으러 오는 사람들의 얼굴들이 싱싱한 것은 잠시뿐
꿈도 희망도 교체된 간판들은 다시 벼랑 끝에서 위태하다

처음이 있으면 반드시 끝이 있는 벼랑 끝에 서야 하는 생존법칙
오래 견디는 것도 생지옥인 이 절벽
비가 오지 않는 날에도 폭우가 쏟아지고
묵직한 바람의 주먹과 거센 파도가 매일 뱀의 혀로 날름거린다
사람이 사람을 떠미는 생의 골목
아직 나는 이 절벽 위에서 35년을 버티고 있다
나도 독한 종족인 것이다
만만하게 볼 목숨이 아닌 것이다

배추흰나비 애벌레에 대한 기억

어릴 적 나는 밭에 뿌려진 씨앗을 지키는 아이였다
긴 장대와 돌멩이를 날리며 잡새들로부터
씨앗을 지키는 것이 가족들을 지키는 일임을 어린 나이에 학습되었다
그 관문을 통과해도 나는 푸성귀 밭을 떠날 수 없었다
배추흰나비 애벌레가
배춧잎과 열무 이파리를 갉아 먹어대서 잡아야 했다
배운 게 있어서 이 징그러운 벌레들이 나비가 된다는 것을 알고 있었다
저들도 이 세상에 날개를 달려고 왔는데
내가 죽이면 쓰겠나 싶어
칡잎에 싸서 죄다 산에 풀어주었다
저리도 산천 들천에 풀떼기들이 많으니 그걸 먹고 나비가 되라고
아무리 미물이라도 살려 보내주는 내 마음이 닿을 줄 알았다
내 순진한 생각은 무참히 깨졌다
그들의 밥이 푸성귀라는 것을 나는 꿈에도 몰랐던 것이다
잡아도 잡아도 다음날 밭에 가보면
푸성귀 밭은 초토화되어 있었다

내가 애벌레를 죽이지 않고 놓아준다는 사실을 엄니에게 발각이 되어 정말 크게 혼났다
 다시 부랴부랴 씨앗이 뿌려지고 물을 길어다 뿌려주고 잡새들을 쫓고 눈물을 머금고 애벌레를 잡아야 했다
 나에게 가족들의 목숨줄이 걸렸다는 말을 귀에 딱지가 앉게 들었다
 다른 집은 농약을 뿌려대서 굳이 밭을 지키지 않아도 되는데 왜 우리 집은 농약 살 돈도 없느냐고 콩콩 대들었다
 가족을 살리기 위해 나는 애벌레를 미안해하며 죽였다
 잡아도 잡아도 사라지지 않던 그 푸성귀 밭
 꿈속까지 따라오던 애벌레들
 이웃밭 아제를 붙잡고 우리 밭에도 한번 농약을 뿌려달라고 하소연하던 그 어린것
 지금도 내 안에 살고 있다

새벽

잠이 덜 깬 전철이 창동 차고지에서
하품을 하며 서서히 기어 나오고 있다
느린 시간이 따라붙어 간다
목소리를 가다듬어 보려고 애를 쓰지만 푹 잠겨 있다
밤사이 굳어있던 관절들에선 삐거덕거리는 소리가 들린다
덜 깬 잠을 털며 서로를 일렬로 붙들고 따라간다
칸칸이 켠 불빛들로 제 몸을 단정하게 점검한 전철은 터널 속으로 불도저처럼 우직하게 사람들의 발을 태우러 간다
생존을 응원하러 간다
차고지를 나온 전철과 집을 벗어난 사람들
도시를 관통해 들어간다
내 아들도 저 전철을 타고 출근할 것이다
서로에게 낑겨 가며
덜 깬 잠들끼리 뭉쳐져 용감해질 것이다
저 엄숙한 출발들을 부신듯 올려다본다

겨울 단상

씨앗 하나 신발에 딸려 왔다
신발을 꽉 물고 놔주지 않는다
인연 하나가 나를 붙든다

내 여름날이 아파서
슬픔이 왈칵 쏟아질 때
우연히 만져본 수크령
햇살을 받아 빛난 보드라운 촉감을 내주던 풀
내 쓸쓸한 날의 위로였다

지금 너도 세상이 춥고 아프구나
지천으로 널린 바람을 따라 훨훨 날아가지 않고 나를 따라온 걸 보면
내가 너의 인연이구나

가슴으로 당겨본다, 또 이 씨알 하나

꽃등

꽃으로 오다가 태풍에 쓰러졌다
웃자란 대궁일수록 더 깊게 넘어졌다

상처는 일방적일수록 더 크다

백일홍은 일어설 수 없음을 깨닫고
원래 그렇게 바닥에 누워있었던 것처럼 일어서기를
멈췄다

생의 희극을 훑어가는
한 생의 길목에서 당한 불의의 사고
조용히 흐느껴 울다

꽃으로 필 운명이라서
고개만을 들고 몽우리를 밀어올린다

슬픔의 틈을 지우며
제 그림자를 깔고 누워 기어이 꽃을 피웠다

바람과 구름이 하늘을 닦고
산능선으로 넘어갔다

꽃사과

벌레가 들어왔다
둥근 균형이 기우뚱 기운다
굴삭기처럼 밀고 들어오는 그의 몸은 말캉했다

말랑함이 단단함을 부수자
완성된 집이 허물어지기 시작한다

그의 생 속으로 내가 옮겨진다

산패된 생각의 갈피를 지나
겉을 향해 쭈글쭈글 주름들이 접혀온다

벌레가 씨앗을 간을 보다 우회한다
그가 들어온 집이 아직도 사각사각 달다

꽃은 그림자도 예쁘다

저녁 산책길
밤하늘에 달은 숨었어도
가로등 불빛으로 환한 길
백일홍은 사람들의 발자국이 궁금했는지
인도로 제 그림자를 늘이고 있다
발자국들이 내는 장단
뚜벅이는 소리에 귀를 대고 듣는다
백일홍의 호기심이 단아하고 예쁜 밤
흑백 사진 같은 그림자가 바람에 간간이 흔들릴 때 내 마음도 곰상곰상 간지럽다
걸음을 멈추면 그림자가 발목을 타고 오른다
예쁜 꽃문신이 들어선 다리
내 웃음이 허리를 굽혀 웃는다
키가 크거나 작은 꽃무리들의 어우러짐
꽃길을 벗어나오는 동안
헝클어진 내 그림자도 곱게 빗겨지고 있었다

꽃환승법

흙과 잎과 가지들의 문지방을 넘어온다
그 경계의 사선을 타고 와 꽃을 연다
꽁꽁 언 세상을 벗고 저를 밝히며 온다
허공을 넘치게 올라온 환한 채색화
나비와 벌을 위해
맨몸으로 나오지 않고
꿀주머니 챙겨 나온다
산란하는 봄의 절정
화무십일홍의 환승 열차 안에서
제 꽃으로 와서 제 꽃으로 기꺼이 떠나간다

물칭개

뿌리가 있으나 물 위에 부유한다
평면의 물에 자기를 띄우고
바람 불면 물이랑과 함께 춤춘다
흙을 떠나도 살 수 있는 수생
물의 곁다리를 따라다니며 저를 부려놓는다
제 운명이 물 사주임을 받아들이며
물의 갈피에다 생을 연다
삶의 촉촉한 습기를 온몸에 바르고
물의 은혜를 입었으므로
탁한 물을 정화시켜주는
모둠 모둠 핀 열반 세상

목련꽃

후미진 골목길 귀퉁이에
목련 꽃눈들이 합장하고 있다
일심으로 오므린 겨울 속에서
온몸을 안으로 접고 절정의 순간을 기다린다
삐쭉 내민 촉으로 하늘을 간 보며
칼바람의 온도를 짚어보는 목련
봄의 문지방을 넘어오려고 찰나를 기다린다
잔털 옷을 벗고 터져 오를 꽃
산란할 봄이 선하다

3부

착한 새들은 쉽사리 울지 않는다

산사나무 1

불암산 헬리콥터장 바로 아래
돌무더기 안고 사방팔방 뻗은 산사나무
바람이 입김을 불어주고 햇빛이 비춰올 때 자주자주 사색에 잠긴다

열매를 달기 위한 붉은 궁리
바람이 멀리 홈런을 날리듯
깔끄막으로 굴려 내릴 궁리

사계절을 바지런히 열매를 경작할
계산을 하고 있는 산사나무

개미굴과 새들의 뱃속에서
멧돼지의 게걸스런 입속에서
견뎌야 하는 씨앗의 여정
붉은 쪽수로 승부수를 둘 궁리

일용할 양식으로 겸허히 먹힐 그 궁리
올가을도 씨앗을 파종시킬 설렘으로
주렁주렁 생각들이 동그랗다

산사나무 2

붉은 열매는 나무의 완성이다

애면글면 겨울을 통과한 빈 몸이
꽃을 가지마다 걸기 위해 제 살을 연다

꽃 행간 사이에 잎 내어 달 때
웃음이 울음으로 새어 나왔다

벌레의 공격을 받아도
제 잎을 몇 번이고 먹혀 주었다

이글거리는 태양과 태풍을 견디며
진딧물의 똥구멍을 핥은 개미에게도 길을 내줬다

푸른 주먹으로 부풀려 올린 열매
붉은빛을 펼쳐 허공까지 익혀놓고
드디어 제 목젖을 드러내고 웃었다

산사나무 3

푸른 본능으로 몸을 열어
푸른 잎을 내보내기까지
나무는 저 혼자 많은 신열을 앓았을 것이다
꽃을 올리는 환한 행간에선 스스로 황홀해했을 것이다
벌레의 맹공격에 뿌리까지 가려워하며 아팠을 것이다
화기를 제 성깔대로 품어대는 여름의 태양에 우듬지가 타는 것 같아서 고통스러웠을 것이다
바람을 낚아챈 잎들은 서로 부채질해 주며 견뎠을 것이다
푸른 열매, 그 점 하나를 부풀리기 위해
사력을 다해 볼을 빵빵하게 부풀려 불어댔을 것이다
제 근원을 데리고 나오기까지 고단한 시간이 퉁퉁 불어 터졌을 것이다
떫은맛이 도는 푸른 열매를 빨갛게 익히기까지 사계의 빈혈로 몇 번이고 쓰러지고 싶었을 것이다
손발까지 동그라미 안에 다 감추고
이별이 왔을 때 잘 굴러갈 수 있도록
제 끝과 시작을 계산했을 것이다

느티나무 아래서

수형이 아름다운 느티나무 한 그루
사계의 바람이 살다 가고
푸른 잎이 낙엽으로 떨어지고 빈 몸 위로
함박눈이 내리는 동안
상가 지하 통로 위로 뻗어 올라온 뿌리에
사람들이 걸려 넘어지거나 누수가 터졌다

저린 사람들끼리 지하를 견디는 곳
햇볕이 한 번도 들여다보지 않는 곳

뿌리보다 더 깊게 내려간 사람들
재앙이 두려워 길 위로 뻗은 뿌리만 자르고
콘크리트를 쳐 서로를 조금씩 갉아 먹히며
목숨을 이어 붙이고 있는 곳

살고자 자르고 살고자 뻗이 나온
상가 지하로 들어가는 입구
우듬지가 아름다운 느티나무 뿌리 아래서
오늘도 사람들이 개미처럼 살아내고 있다

첫눈

어둠을 타고 내린 함박눈
꿈꾸듯 밤이 하얗게 덧칠되기 시작했다

흐벅지게 허공을 밀고 들어오는 저 입자들
감의 붉은 볼에도 모과의 머리에도
소나무와 밤나무와 참나무 숲에도
두툼하게 올라붙은 하얀 절정

국수나무에 수북이 쌓인 하얀 밀가루 같은 포만을 지나
작살나무의 보라색 열매를 포대기처럼 싸안고 있는 눈의 포근한 마음을 지나

숲길을 뚫고 내린다
근심과 고뇌들이 하얗게 벗겨진다
더 이상 어떠한 말도 필요치 않은
하늘과 자연의 합작

꿈길까지 따라와 쌓여오는 첫눈
깊은 숲 모퉁이의 옹달샘 소리
가슴이 더 벅차오르라고 아낌없이 주는 몽환 세상

첫눈, 겨울의 포문이 몽롱하게 하얗다

강원도 고성 은행나무 1

1280년에 심은 은행나무
고성 군청 앞 마당에 서 있다

잎들을 다 비워놓고
빈 몸으로 선 고목

빈 몸이 더 뜨거운 서사 같아서
가만히 만져본다

용암이 꿈틀거리며 흘러내리다
굳어버린 것 같은 모습

범접할 수 없는 그 위용에
압도되어 온몸이 떨려온다

700년이 넘은 은행나무 앞에 서니
마치 내가 하루살이 같아지는 날

해는 오랜 친구의 안부를 묻고
24년 12월 10일 화요일
오후 4시 04분

은행나무는 가지를 비켜주며
나에게도 햇살을 나눠준다

울컥, 남아 있는 내 삶이 뜨거워진다

강원도 고성 은행나무 2

오늘 다시 찾아가서 만져보니
몸이 따뜻하다
시간을 넉넉히 부려놓고
찬찬히 훑어본다

돌기가 다시 도는 고목에서 고개 내민 씨눈들
투박한 겉껍질 모양 또한 다채롭다
살아나온 생의 발자국들이 다 기록된
긴긴 서사

꽃송이 돌기로 말아놓은 모양
다닥다닥 붙어있는 굴껍질 모양
용암 돌기 모양
산골짜기 모양
회오리친 물의 용틀임 모양
불긋불긋 솟아오른 근육질 모양
황소 머리 같은 모양
움푹 팬 볼우물 모양
생의 고통을 몸부림친 모양

다시 나아가

인동초를 어깨에 키워내는
골에 숨어 들어가 납작 엎드려 기어오르는 개다래 덩굴을 눈감아주는
새 둥지 하나 부시게 매단
벌이 소꿉놀이하듯 살다 나간 작은 벌집 하나
호호백발 이끼가 깃들어 살고 있는

한 생도 허투루 살지 않은 기록들을 읽어간다
과거를 끌고 현재가 미래로 가는 마음을 들여다본다

냉혹한 시간이 데리고 간 구멍 난 몸 구석구석
비록 몸이 누더기로 기워졌지만
이루 말할 수 없이 튼튼한
한 벌의 거대한 갑옷이다

그 갑옷을 입고
안에서 밀고 나온 불끈 쥔 주먹
가지로 가지로 길을 내는 갈래들
해가 방향을 바꿔가며 비춰주는
몸의 온도가 다 다른 촉감

해가 없는 그늘엔 강원도 칼바람
여전히 기세등등하여
햇볕 비춰오는 방향으로 돌자
따스한 바람막이가 되어주는 거대한 은행나무

석순처럼 큼직하게 자라 올라오는
또 한 줄기의 길을 내는 신생 가지

뒷걸음으로 물러나 형상을 보면
기골이 장대한 사람 얼굴 형상
코끼리 형상
계단에서 올려다보면
거인이 씩씩한 걸음으로 걸어가고 있는 형상

수억 년의 전생을 기억해내
몸에 형상 하나씩 하나씩 기억을 더듬어 만들어 놓고

생각이 많아진 겨드랑이를 움츠리고
겨울잠 속으로 들어가는 희미한 숨소리
발가락 꼼지락거리는 소리
빈 가지를 흔들어오는 칼바람 소리

제 가지와 몸통에
봄의 성냥개비 촉들을 빼꼭히 꽂아놓고
봄꿈 속으로 잠겨가는 거목
회춘의 돌기가 가득 돋다

다시 가만가만 만져봐도 따스하다
가슴 한 자락 벅차올라 풍덩 뛰어들고 싶다

이젠 한 그루 나무가 아니라
신령한 그 무엇이 된 존재

나도 이런 사람 하나 곁에 있었으면 좋겠다

무봉리 느티나무

오래된 나무를 보면 고향 생각이 난다
산 능선을 타고 내려오는 운무처럼
고향을 통으로 데려와 안겨온다

늠름하게 서서
마을의 사계를 보듬던 성황당 나무

까치발을 세워 해를 불러오고
붉은 노을이 오봉산 자락을 덮어주던

다 같이 가난한 마을
땟국 가득한 삽살개 달을 향해 짖던
그 향수 언저리로 바람이 분다

사람살이 많이 지칠 때면
포천시 소흘읍 무봉리 전 475번지
남의 마을 느티나무 안아보고 돌아온다

팽나무

가을이 되자 잎의 손을 놓는다
사력을 다해 붙들고 움켜쥔 잎
이별할 때를 알아서 놓는다

이 가을 나도 교통사고를 당하고
기억들을 놓치고 있다
기억의 방에서 누수되고 있는 우릿하고 답답함

기억의 틈이 실금을 타고 그 틈새 사이
아프다고 비명 지르는 내 안의 그 무엇이
불의의 사고로 불의의 기억을 놓치는 사이

팽나무는 잎들을 손아귀의 힘을 빼고
맹렬하게 쏟아낸다

제 울음으로 갑질한 잎을
온몸으로 냉정하게 뿌리치고 있을 때
내 기억도 바스락거리며 따라 떨어지고 있다

맞잡고 버틴 시간을 놓는다

원주 문막 반계리 은행나무

우리나라에서
가장 아름다운 은행나무라는 별칭이 있다고
수령은 약 860년이라고

두 나무가 서로 몸을 반대로 눕혀
부대끼지 않게 양보하고 있는
노랗게 단풍 든 사진을 지인이 찍어 보내왔다

화두 같아서 오래도록 마음에 퍼 담아본다

사진으로 배달되어 온 고운 빛 은행나무
어느 날 어느 시에 나도 가서 꼭 보고 싶다

참나무 숲에서

사람들이 아귀 같아서
인적 없는 숲으로 도망쳤다

말소리 물러난 시간에
직립을 눕히자
여우비가 다독다독 토닥인다

청량한 바람이 휘파람을 불며
잎의 틈을 벌려 하늘을 연다

햇살이 촉수를 뻗어와
볼을 만져준다

비로소
어깨를 떨며
내가 울기 시작했다

용문사 은행나무

천백 년을 넘게 기른 머리카락을 풀어 헤친 마녀
이 가을 단풍 든 가슴을 열어
황금빛을 부시게 날리고 있다

귀를 씻은 바람과 손잡고
허공에 펴놓은 잎을 덜어내는 동안
하늘은 파란 돔 모양으로 맑디맑다

모성의 손길을 펼쳐 열매들 춥지 않게
노란 잎을 수북이 덮어놓고
가을을 산란한 마녀가 만족하다는 듯
자신을 간간이 흔들며 웃는다

정오의 해가 알몸을 들여다봐도
나신을 부끄러워하지 않는 저 마녀
시선이 먼 산 끝에 가 있다

숨이 막힐 것 같은 위용을
계단 위 돌방석에 앉아 홀린 듯 올려다본다
뚝심의 세월에 덤덤해진 표정을 여간해서 드러내지 않는 마녀

겨울을 덮고 잠들려고 간간이 하품을 한다

밤 12시에 가서 보면
너무 무서워 오금이 저린다는 말
그 범인의 호기심을 나도 객기로 부려보았던
지난날을 기억하는지 웃음 한 자락까지 보내온다

이제 좀 삶이 편해졌냐는 안부

계단 옆 명당돌에 앉아 고개를 끄덕인다
조금은 익어온 내가 신령한 기운에 휩싸이고
꿈꾸듯 가벼이 묵언을 부려놓는다

그대라는 바다에서

당신에겐 바닥에 내동댕이쳐진 슬픔을 보듬어
닦아주는 힘이 있습니다
당신은 내가 외로운 섬이 되어가고 있을 때
돛단배를 타고 와서 위로하는 힘이 있습니다
부유하는 마음이 떠돌고 있을 때
깊게 뿌리 내리게 하는 힘이 있습니다
그런 당신이 있어서
자주자주 나를 일으켜 내는 힘을 갖습니다
때론 당신의 따스함에 첨벙 빠져들어
꿈꾸듯 춤추기도 합니다
사람살이 지쳐서 마음을 걸어 잠그고
차가운 마음으로 얼어가고 있을 때
당신은 다가와 내 마음을 녹아내리게 합니다
그런 당신이 있어서
풍랑 많은 세상에서 내 길을 잃지 않고
잘 헤쳐나아갈 수 있었습니다
그런 당신이 내 곁에 있는데
제가 뭐가 두렵고 무서울까요
당신의 그런 마음에 내 마음이 맞닿아 있는데
제가 무엇을 하지 못할까요
두 번 다시 세상에게 마음을 주지 않으리란

다짐들만 들어있는 나를 당신이 풀어내주고 있습니다
그댄 하늘이 내게 보낸 천사일까요
험한 세상을 향해 다시 힘차게 한 걸음을 내딛습니다
함부로 새기지 않는 내 마음에 당신을 새기고 있습니다

목수국

1.
꽃잎을 그대로 달고
서서 스러진 꽃
바람이 바스락바스락 만지다 가고
흰 눈이 수북이 쌓이다 간다
겨울의 언 발자국들을
저렇게 서서 견디려나 보다

2.
약초 캐러 간 엄니는 돌아오지 않고
동생의 울음을 업고
무작정 엄니를 찾아 뒷골을 오른다

엄니의 젖무덤을 떼어내
내가 차고 싶었던 그날처럼

가만히 보고만 있어도 배불러 오는 목수국
동냥젖을 나눠주고도 남아돌 것 같은 풍만
아직도 나는 서럽도록 탐난다

3.

목수국을 가만히 보고 있으면
탐스러운 젖을 가진 이 세상 모든 어미의 젖가슴이 생각난다
배곯은 아기에게 젖동냥을 주고 싶게 한다
결핍이 없는 그 풍만을 나는 너무도 사랑한다
생이 벅차게 배불러 온다

4.
목수국을 보면
찡하게 젖무덤에 돌기가 돈다
가슴을 풀어헤친 그 풍만을 물리고 싶다
아니다 그 젖을 내가 먹고 싶다
꿀꺽꿀꺽 생의 페이지를 배부르게
넘어가고 싶다

5.
목수국을 보면
키몬과 페루의 명화가 생각난다

아버지인 키몬이 푸예르토리코의 자유와 독립을 위해 싸우다 국왕의 노여움을 사 교수형을 받고 음식도 먹을

수 없는 형벌로 감옥에 있을 때

  딸인 페루는 해산한 지 얼마 되지 않은 몸으로 달려가 가슴을 풀어헤치고 아버지에게 젖을 물리던 그 풍만한 젖가슴

  모르고 보면 외설인
  그 명화의 한 장면

A = B다

1. 선풍기

용맹하게 폭염과 싸울 검투사
전면에 배치되었다
맹렬하게 싸우다 전사하거나 퇴역할 군인
명령에 절대 복종한다
상명하복만 있을 뿐이다

2. 길

발자국들을 다 기억한다
길이 말을 한다면 밟고 지나간 이름들로
아수라장이 되었을 것이다
나행히 침묵으로 입을 꾹 다물고 있다

3. 옷

비밀을 가장 많이 안다
은닉해 주거나 드러낼 감정을 읽어주는
카멜레온

방생

장마가 파놓은 웅덩이에
미처 썰물을 못 따라간 피라미들
우글바글하다
꼬리와 주둥이로 빼끔거리는 흙탕물
일부는 죽고 일부는 출구를 찾지 못해
우왕좌왕 공포를 부들바들 떤다
살려내야겠다는 생각밖에 없었다
수술한 다리를 끌며 페트병에다 잡아넣는다
살려 주려고 사력을 다하는데
안 잡히려고 한바탕 추격전이 벌어진다
서로 말이 안 통해 필사적으로 도망친다
물컹한 점액질을 견디며
속도를 앞질러 계산하며
물을 반대 방향의 웅덩이로 퍼내며
다 잡아내어 당현천에 쏟아줬다
안도하는 내 숨소리도 따라 흘러갔다
이제 살고 못 살고는 저들의 몫이다
지혜로 가는 생의 여정이 되길 빌었다

덫

피라미들은 모른다
장마의 거친 손길과 아귀의 힘이
나무까지 뽑아 들 때에도
작은 웅덩이 밖으로 물살이 빠른 속도로
빠져나갈 때
무서워도 그 물살을 따라가야 한다는 것을
아직 몰라서 진짜 모른 것이다
안전하다고 느끼는 순간 끝에 맞닿아 있다는 것을
잘못되었다는 것을 깨닫곤
흙탕물 속에서 어지럽게 비명을 지르지만 늦었다
삶이 그렇게 시드는 것이다
눕혀진 피라미들
파리한 몸에서 식은 냄새가 풍긴다
장마가 파놓은 웅덩이에 갇히지 않으려면
노련하게 시류를 읽는 큰 물고기들의 꼬리에 따라붙어야 한다
그래야 삶이 연결된다는 것을
피라미들은 아직 모른다

돌탑

서로 맞춰가야 합이 된다는 걸 안다
제 성정도 모양도 크기도 다르지만
하나하나의 인연으로 서로의 중심을 잡아준다
모난 곳은 모나지 않게
큰 것은 작은 것으로
작은 것은 큰 틈과 균형을 위해
서로가 서로를 괘주고 받쳐준다
서로의 마음을 모아
하나 하나가 모이면 전체가 된다
시간의 침묵이 참선에 든 탑
돌에도 신이 있다

4부

흰 꽃의 귀띔을 듣는 시간

그날의 보성강에서

 한여름 달빛 좋은 야심한 밤
 대사리가 바위 위로 새까맣게 기어오른 걸 알고 있던 점순 언니가 보성강에 대사리를 잡으러 가자고 우리를 꼬셨다

 눈치 빠른 울 엄닌 지랄병에 자주 거품을 물고 쓰러지는 점순 언니가 주동한 일이라는 것을 알고 펄쩍 뛰었다

 똥간에 빠져 돼지들 발에 밟혀 죽을 뻔한 점순 언니가 자주 돋는 지랄병 때문에
 동정심이라고는 피도 눈물도 없는 입방아들에 오르내리자 그 부모가 인간 노릇 못할 바엔 같이 죽자고 생목숨줄 잡을 뻔한 일이 있고 난 후

 점순 언니는 대사리를 잡아 곡성 오일장에 내다 팔아 용한 약을 사서 기필코 지랄병을 고치겠다고 물방개 같은 가시내들을 꼬셨다

 그러나 내가 문제였다
 수영도 못하고 물을 무서워하는 나를 데려가고 싶어하는 점순 언니를 물 밖에서나마 응원하고 싶었던 나는

엄니를 징글징글하게 들볶듯이 졸랐다

  곁에서 지켜보던 작은오빠가 목화솜 이불 한 귀퉁이를 뜯어내서 철사로 횃불 뭉치를 만들어주었다
  깡통에 기름까지 넣어 손에 들려주며
  절대 물에는 들어가지 않겠다는 약조를 대신 받아주었다

  호롱불에 넣을 기름도 없는데 그런다고 엄니는 꾸중했지만 더 이상 말리진 않았다

  밤이 이슥하고 깊어갈 때
  우린 졸린 눈을 비벼가며 신작로를 걸어나가 보성강에 다다랐다
  잠 달아난 깡충걸음의 신난 그림자들이 잘도 따라왔다
  달빛도 놀라서 눈이 휘둥그레진 밤이었다

  나는 물 밖에서 횃불을 등대처럼 높이 들고 서 있었다
  불이 약해지면 기름통에 살짝 절반만 담가야지 푹 담그면 꺼져버린다고 방법까지 꼼꼼히 알려준 작은오빠 말을 명심하며
  기름 냄새에 콜록이며 열심히 불빛을 비춰주었다

  횃불에서 기름 몇 방울이 튀어 내 곱슬머리 한 귀퉁이를 홀라당 태웠으나 개의치 않았다

작은 해프닝일 뿐
머리카락 타는 냄새가 기름 냄새보다 덜 역하다는 것을 알아서 좋았다

달빛도 수면 위를 비춰준 밤
더할 나위 없이 완벽한 밤이었다

아이들은 얕은 곳에서 바위를 훑으며 없다고 투덜거렸다
점순 언니는 이미 강 한가운데까지 헤엄쳐 가서 자맥질을 했다

—여 봐라, 여긴 실한 대사리들 많다.
 난 조개도 잡았다.

점순 언니가 손을 높이 들어 아이들에게 보여주었다
검은 실루엣이 득의양양했다

아이들이 점순 언니 곁으로 우르르 헤엄쳐 갔다

—이 가시내들아! 그렇게 떠들고 함부로 바위를 밟어대면 다 도망가 뿐다.

점순 언니는 서로 많이 잡겠다고 난리를 피운 아이들을 향해 신경질적으로 소리를 질렀다

밤 메아리가 강 수면 위로 납작하게 진동을 일으키며 빠르게 퍼져갔다 다시 돌아왔다

아이들은 입을 다물고 조심조심 자맥질을 했다
잠수해 들어가는 아이들의 엉덩이가 달빛에 반짝 빛났다
물속으로 사라졌다 나오는 첨벙거리는 소리와 숨비소리가 정적 속에서 엇박자로 들려왔다

걔들이 부러웠다
나도 그들 무리에 끼어 점순 언니의 용하다는 약 값을 벌어주고 싶었다
하지만 나는 물을 무서워하니 어쩔 수 없는 희망 사항일 뿐이었다
이젠 어둠 속 감각에 날렵해진 저들에게 별로 필요치 않는 횃불은 나 자신의 무서움을 달래는 용도일 뿐이었다

바위를 훑어서 잡은 대사리들을 주먹들이 높이 쳐들어 자랑했다
양은 대야에 쨍그랑쨍그랑 던져 넣는 소리들
나는 물 밖에서 고봉으로 흐뭇했다
달빛이 찰랑하게 흐르는 강의 고요가 대사리 잡는 소리를 음악처럼 틀었다

그러나 금방 싫증 난 아이들이 큰 바위 위에 올라가 장난치며 놀았다

푸른 하늘 은하수 하얀 쪽배에
계수나무 한 나무
토끼 한 마리
돛대도 아니 달고 삿대도 없이 가기도 잘도 간다
서쪽 나라로

아이들은 합창을 했다
넓적 바위를 쪽배처럼 타고
까르르까르르 웃는 아이들 소리가
대낮처럼 환해졌다
물귀신도 무섭지 않아 보였다
아니 물귀신도 아이들의 노래에 홀려 있는 것 같았다

나도 달무리 번진 달과 쏟아질 듯 반짝이는 별사탕 같은 별들을 바라보며 따땃한 오줌을 누면서 그 노랫소리를 듣고 있었다

그러나 그 평화는 오래가지 않았다
누군가 노랫소리를 비집고 외쳤다

―점순 언니 지랄병 돋았다!

노랫소리는 삽시간에 비명으로 바뀌었다
아이들은 강 한가운데서 원숭이들처럼 꽥꽥 소리를 지르며 공포에 질려 울기 시작했다

일이 터지고 말았다
나도 물가에서 횃불을 치켜들고 공포를 질러댔다
물속으로 횃불을 들고 들어갔다가 목까지 푹 잠기자 무서워서 밖으로 나오고 말았다
나는 두려움과 공포로 온몸을 사시나무 떨듯 떨며 생각했다

동네 어른들을 모셔 와야 한다고
아니 내가 아무리 달음박질을 잘해도 동네까지 갔다 오면 점순 언니에게 일이 나 버릴 것이다

점순 언니와 친했으므로
언니의 가족들만큼이나 지랄병을 많이 봐 왔으므로 나만이 방법을 빨리 찾을 수 있다는 것을 알았다

나는 아이들에게 소리쳤다

─빨리 점순 언니를 바위 위로 끌어올려!

아이들은 우느라 내 목소리를 듣지 못했다
나는 발을 구르며 달이 하늘에서 떨어질 만큼 계속해서

소리쳤다

   그러자 아이들이 힘을 합해 점순 언니를 바위 위로 올리려 애썼다

   ―너무 무거워서 안 돼야.

   ―그러믄 숨이라도 쉬게 얼굴을 물 밖으로 빼내고 작은 돌멩이를 혀 못 깨물게 이빨에 물려야 혀.

아이들은 점순 언니를 살리려고 고군분투했다
우여곡절 끝에 바위 위로 올렸다

   ―다 같이 언니를 주물러.

아이들은 울면서 주물렀다

   ―이젠 어떻게 해야 하는겨?

   뭍에 있는 나를 바라보는 눈동자들이 너무 간절해서 어둠 속에서도 도깨비불처럼 빛났다

   ―대사리 다 내뿔고 언니를 데리고 나와야제.

   아이들은 그건 힘들다고 했다

데리고 나오다가 물을 엄청시로 먹어버리면 진짜 더 큰 일이 일어날 거라고

나는 어른들을 모셔오겠노라 했다
돌들을 모아 횃불을 단단히 고정해 놓고 신작로로 내달렸다

―야야야야! 언니가 정신이 돌아왔다. 가지 말라고 헌다. 야야야야!

등 뒤에서 아이들이 나를 불러 세웠다
반딧불이들이 놀라서 숲속으로 달아나고 있었다

점순 언니는 지랄병으로 죽을 뻔했으면서 끝까지 대사리 대야를 사수해서 밖으로 나왔다
혼비백산 몸만 빠져나온 아이들 대야까지 포개서 가지고 나왔다

아이들은 제가 잡은 대사리들을 챙겨주자
그걸 들고 잽싸게 절벅거린 고무신을 신고 다 도망가 버리고 나와 점순 언니만 강가에 남았다

―에이, 애쓰게 잡은 대사리 많이 엎어져 버렸씨야.

무거운 정적을 깬 언니의 말에 어처구니가 없었다

―이딴 게 뭐라고, 대사리 걱정이여.
 언니 목숨보다 중요하당가?

내가 울면서 대사리를 몇 줌 집어 강에다 뿌려버렸다.

점순 언니는 아픈 직후였어도 아귀 센 손으로 얼른 나를 저지했다

점순 언니가 한기가 든다며 온몸을 덜덜 떨었다
나는 점순 언니보다 등치가 너무 왜소해서 옷을 벗어줄 수가 없었다
대신 기름이 든 깡통을 바닥에 쏟아 불을 활활 키웠다

숨쉬기 힘들 만큼 기름 냄새와 함께 검은 연기가 붉은 빛 도는 달 속으로 빨려 들어갔다

―내 지랄병 하는 거 봤냐?

점순 언니가 나지막한 목소리로 물었다

자기가 지랄병이 돋으면 절대 등 돌리고 보지 말라며 새끼손가락까지 걸게 했었다

―멀리 떨어져 있었는디, 어떻게 봤당가?

나는 일부러 퉁명스럽게 말하며 안 본 척 점순 언니 안색을 살폈다

　―너헌테만큼은 내 지랄병을 보여주고 싶지 않은디, 흉
　　한 모습 보여주기 싫은디.

　이미 볼 만큼 다 봤는데
　눈을 뒤집어 까고 거품 물고 사지가 틀어지는 모습을 우리 동네로 이사 오고 얼마 안 있어 다 봤는데 언니는 자신이 나랑 같이 있을 때 지랄병이 돋으면 매번 뒤돌아 있게 하거나 백 미터가량 뛰어가 멀리 떨어져 있으라고 했다
　한숨 기절하고 나면 괜찮다고
　정말 그 말은 언제나 맞았다

　―또 저것들이 동네방네 내 지랄병 돋았다고 소문 다
　　 내불것네. 우리 부모들 그 입방아질에 또 속이 많이
　　 상하시깃다. 내가 천하의 못된 불효녀랑께.

　―아녀, 내가 주둥이들 입단속 단단히 시켰으니께 걱정
　　 하지 말랑께.

　그렇게 말했지만 자신은 없었다
　입나발 분다에 내 손에 장을 백 번도 더 지질 수 있으

니까.

 불에 불콰하게 달궈진 언니의 얼굴이 너무 불쌍하고 안타까워 꼭 안아주었다

 평상시 땐 남사스럽다며 나를 밀쳤는데
 그날은 가만히 있었다
 강물 비린내에 섞인 젖은 옷 속에서 튀어 오른 언니의 풍만한 가슴이 아깝다는 생각을 했다 그 생각은 동네 사람들이 쑥덕거리는 소리들을 들은 영향이기도 했다

 모래를 덮어 불을 끄고 우린 일어났다
 횃불은 없어도 달빛으로도 마을로 들어가는 길은 환했다

 우리가 마을로 들어가기 전에 이미 소문이 개새끼들에게까지 퍼져 온 동네 개들이 짖고 우리 개 쫑이랑 엄니랑 점순 언니 엄니가 후레쉬를 들고 헐레벌떡 달려오고 있었다

 엄니는 그들 몰래 내 팔을 미친 듯이 꼬집었다
 나는 너무 아팠으나 끝까지 소리를 내지 않았다

 다음날 우리 엄니가 곡성 장에 가서 그 대사리를 대신 팔아주고 돈을 더 보태서 점순 언니의 용한 약을 사는

데 보탰다

  나는 엄니를 졸라 돈을 달라고 해서 큰 알사탕을 점방에 가 사 점순 언니에게 달려갔다

  사람들이 잘 오지 않는 작은 박소에서
  언니 입에 두 개 내 입에 하나를 넣고
  오래도록 물장구를 쳤다

표범장지뱀

  재너미골 밭을 샀다
  동네 사람들은 그 밭을 샀다며 간이 배 밖으로 나왔다고 수군거렸다
  그도 그럴 것이 그 밭은 첩첩산중에 있을 뿐만 아니라 무서운 사건들이 발생한 곳이었기 때문이다

  아부지의 알코올중독과 노름으로 우리 집안은 늘 빚쟁이들로 들끓었다
  엄니가 아부지 대신 산과 들로 다니며 약초를 캐 가족의 생계를 위해 고군분투했다

  산신령님의 도움 때문이었는지는 모르나 엄니가 산삼을 캤다
  아부지의 빚잔치를 다하고도 조금의 여윳돈이 있어 우리 엄니는 헐값이다시피 한 이 재너미골 밭을 샀던 것이다

  온 가족이 새로운 마음과 각오로 아부지가 가장 역할을 하길 소망했다

  처음엔 어린 나로선 그런 엄니가 이해가 안 됐다

그 재너미골 밭은 아무리 강심장인 사람들도 객기로라도 넘어가지 않는 곳이었다

그 재너미골 밭을 가려면 산짐생이들이 다니는 길밖엔 없다
얼마나 험한지 상상을 초월할 정도였다
우거진 풀숲을 짐생이들이 자기들 몸만큼만 키 작은 동굴처럼 벌려놓고 다니는 그 외길, 음습하게 뚫어져 있는 그 길뿐이었다
뿐만 아니라 그 실치처럼 가느다란 길로 들어서기 전 양 씨네 못뚱이 밥공기처럼 두 기가 나란히 누워있는 그곳을 지나가야 했다

비가 억수로 쏟아지는 날이면 소복 입은 여자가 무덤을 파헤쳐 시체를 파먹고 뻘건 눈에 불을 켜고 피를 뚝뚝 떨어뜨린 모습으로 춤을 추다가 재주를 몇 번 넘어 꼬리가 아홉 개가 달린 여우로 둔갑하여 그 재너미골 쪽으로 사라진다고 했다
그 꼬리가 아홉 개 달린 여우와 눈이 마주치기라도 하면 며칠 시름시름 앓다가 죽는다는 그 무서운 곳을 지나가야 하는 재너미골 밭

설사 무사히 그 못뚱을 용감하게 지나쳤다 해도 맹감(청미래덩굴)과 칡덩굴이 앞을 가로막고 있어서 그 밭으로 진입하기엔 고단하기가 이루 말할 수 없었다

게다가 몇 걸음 뗄 때마다 사위질빵이 우거진 곳에서 꿩이 인기척을 느끼면 비명을 지르며 후다닥 날아오르고 고라니 노루 심지어는 집채만 한 멧돼지들이 사람을 향해 무섭게 돌진해 오는 곳이었다

우리 엄마가 아무리 지혜로운 사람이라도 이건 판단을 잘못한 것이라고 생각했다
온 가족이 다 반기를 들고 나섰다

어느 날 밤이었다
그날은 달빛도 호롱불보다도 밝고 별들이 쏟아질 듯 돋아나와 반짝거린 밤이었다

아부지는 다른 마을로 원정까지 가서 곤드레만드레 술에 취해 돌아왔다
아부지가 마루에 짐짝처럼 널브러져 코를 드르렁거리며 대자로 뻗어 잠이 든 밤
자신의 가슴을 치던 엄니는 우리 팔 남매를 마당 한 가운데 놓인 평상으로 불러 빙 둘러앉혔다

─느그들 잘 들거라잉. 느그 아부지 알코올중독으로 병원에 안 처넣어 봤냐잉. 그런디도 저리 초팽이를 못 벗는 것은 분명 지독한 병이여야. 별별 방법을 다 써 봐도 안 돼 분디, 저 화상을 죽일 수도 없고 살릴 수도 없고, 호랭이가 콱 깨물어 가지도 않은디, 어째 분

다냐!

그래서 나가 묘안을 생각한 것이 바로 저 재너미골 밭에 느그들 아부지의 마음을 묶어놓은 것이여. 그라면 술 생각도 덜허고 마을에 있음시로 수시로 전빵에 들락거리면서 술 먹고 노름하면서 재를 저지르지 않지 않것냐?
재 버릇 개 못 준다고 하드라만 열 번 술 먹을 거 여덟 번, 다섯 번 먹을 거 세 번으로 줄어들고 노름하자고 꼬시는 놈팽이들로부터 조금 멀어지지 않지 않것냐?
그래도 말이여, 저런 반푼이 같은 인간이라도 있어야 아부지 없는 호로자식이라는 소리를 안 듣지 않것냐잉?
나도 저런 인간 몸써리가 나 불어야. 혼자 느그들 키울 수 있는디, 이놈의 세상이 아무리 여자가 똑똑해 부러도 무시허고 깔봐 불더라야. 나가 웬만한 사내놈 색끼덜은 콧방귀도 뀌지 않고 이길 수 있는디, 이놈의 불평능한 세상이 여자 알기를 새 발에 때맹키로 우습게 봐 불더랑께.
느그들도 아즉은 애비가 필요허고 나도 여자로 태어난 죄로 저 괴문짜(쓸모없는 고물) 같은 인간이라도 필요허니, 안 뜯어고쳐져도 어디 한 번 노력을 해봐야 허지 않것냐잉?
긍께, 고상스럽더라도 우리 똘똘 뭉쳐서 한번 노력해

보자잉. 가는 나뭇가지 한 개는 쉽게 부러지지만 여러 개를 묶어놓으면 부러뜨리기 쉽지 않지 않더냐잉? 너희들의 도움이 절대적으로 필요항께, 제발 좀 도와주그라잉!

바람에 일렁거리는 호롱불 아래서 엄니의 눈은 이글거리며 빛났다
아니, 빛난 것은 뜨겁게 흘러내린 눈물이었다

다음 날부터 우리 가족은 술이 덜 깬 아부지를 들쳐업고 진돗개 쫑까지 앞세우고 집을 나섰다

그 못뚱 앞에 나란히 서서 자기 시체도 못 지키는 혼백에게 우리 가족을 구미호로부터 지켜 달라고 큰절을 했다
그리고 실치 같은 덤불이 우거진 길을 낫과 톱과 곡괭이와 망치와 정과 끌 등을 동원해서 넓혔다

아부지를 위해 아리랑 담배 한 보루를 사고 막걸리도 챙겨갔으나 일에는 도통 관심이 없었다

막걸리에 눈을 박고 있던 아부지
엄니와 작은오빠가 특단의 조치로 약 50미터가량 앞까지 덤불을 헤치고 나가 조선 소나무 가지에 담배와 막걸리를 걸어놓고 거기까지 길을 내놓고 마셔야 한다고 단

호하게 말했다

―이것들이 가장인 나를 가지고 놀고 자빠져 있네잉!

아부지는 들고 있던 낫을 버리고 씩씩거리며 산길을 내려가 버렸다
우린 말없이 그런 아부지를 멀거니 바라보고 있었다

걸음을 걸을 때마다 팔자걸음에 가슴을 쫙 펴고 손은 뒤로 과하게 휘저으며 거드름을 피우는 저 아부지
뒤통수에 가족에 대한 미안한 기색이라고는 손톱만큼도 없는 저 아부지

화가 난 큰오빠가 조선 소나무 가지에 걸어놓은 막걸리 주전자를 검불 위로 툭 튀어나온 바위 위에 던져 버렸다
양은 주전자는 우리 가족의 통증 같은 비명소리를 픽 하고 내질렀다
우리 가족의 눈물처럼 막걸리가 울컥울컥 쏟아져 나왔다

막걸리 냄새가 온 산에 진동했는지 멧돼지들이 코를 큼큼거리며 달려왔다
이번에는 작은오빠가 고함을 벼락같이 냅다 질렀다

─이눔의 돼지 새끼덜 가까이 오기만 혀봐라. 맥아지를 콱 비틀어 버릴탱께!

작은오빠는 살기 가득하게 소리를 질렀다
멧돼지들이 놀라서 줄행랑을 쳤다

그건 절망이었다는 걸,
분노였다는 것을 우린 다 알았다
이심전심이었으니까

쫑이 멧돼지를 쫓아갔다
우린 위험을 감지하고 쫑을 뒤에서 불렀다
쫑은 한 번 뒤돌아보더니 멧돼지가 사라진 방향으로 쏜살같이 사라졌다

우린 분노와 절망을 가라앉히며 쫑이 다시 돌아오길 기다렸다
아니, 아부지가 다시 마음을 고쳐먹고 돌아오길 기다렸다는 표현이 맞을지도 모른다

아부지는 끝내 돌아오지 않았고 쫑만이 해 질 녘에야 돌아왔다
상처투성이인 몸으로 꿩 한 마리를 잡아와 우리 가족들 앞에 놓고 꼬리를 흔들었다
우린 그런 쫑을 쓰다듬으며 참았던 눈물을 터뜨렸다

우리 가족은 여전히 새벽이면 술을 마시려 도망치려는 아부지를 막으며 재너미골 밭으로 가는 길을 만들려고 올라갔다

아부지의 담배를 챙기고 찌그러져버린 주전자를 다시 펴 막걸리를 가득 채우고 아부지를 강제적으로 끌고 가 길을 내는 데 열중했다

쫑도 그런 주인들이 불쌍하고 안되어 보였는지 그때부터 닥치는 대로 사냥을 해왔다
꿩 토끼 고라니 멧돼지까지 잡아왔다
영양실조로 창백하게 버짐이 피어 있는 가족에게 고기를 먹게 해줬다

―니가 저 왠수보다 천 배나 낫다.

엄니가 한숨 섞인 넋두리를 하며 쫑을 쓰다듬었다
아부지도 귀가 있으니 엄니의 푸념을 들었을 것이다

그래서였을까?
새벽이면 졸린 눈으로 대문을 지키고 있는 자식들에게 미안해서였을까?
술을 마시려 도망가지 않았다
주체적으로 앞장섰고 길을 내는 데 열심이었다

재너미골 밭으로 가는 길을 만드는 동안, 우리 가족은 자주자주 농담을 주고받았고 웃었고 힘들었지만 행복했다
무엇보다 아부지의 변화가 우리 가족을 힘 나게 했다

일사천리로 산길이 났다
바지게를 짊어지고 반듯하게 걸을 때 걸림돌이 없을 만큼 삐져나온 가지들까지 톱으로 잘랐다
도저히 길이 확보되지 않는 곳은 짊어진 지게를 옆으로 돌려 빠져나가자고 합의를 보았다

근 한 달가량이 소요되었다
드디어 재너미골 밭 앞까지 길을 내서 당도했다
우린 서로를 얼싸안으며 함성을 질렀다

그곳은 옛날에 반란군들이 숨어들어 집을 짓고 밭을 일구던 화전이었다

집은 허물어져 흔적 없이 사라졌으나 산골짜기에서 사시사철 내려오는 물이 있고 땅속에서 솟아나는 얼음처럼 차가운 옹달샘도 있었다
그 옆에 다랑지 논이 3층으로 펼쳐있고 옹달샘 반대편에는 밭과 논 중앙에 제법 큰 감나무가 있었다
감나무 아래에는 반듯반듯한 바위들이 깔려 있어서 쉴

수 있는 평상처럼 되어 있었다
 작은 밭떼기인 줄 알았는데 제법 큰 운동장만 한 밭이었다

―잘만 허면 노다지가 날 수 있당께.
 여그다가 약초를 심으면 오만 산을 안 돌아다녀도 살 궁리가 생길 것이랑께. 일단 시범적으로 일반 농작물을 심어보고 한 귀퉁이에 각종 약초 재배를 해봄시로 이 땅과 궁합이 맞는 약초가 뭔지 시험해 볼 거랑께.

엄니는 흥분을 감추지 못하고 떨리는 목소리로 말했다
아부지도 고개를 끄떡거리며 엄니의 손을 꼭 쥐었다
눈부신 그림이었다

 우린 산신 들신 허공신 비신 바람신 태양신에게 제를 올리고 부자가 되길 빌었다

 언니가 밭값만 치렀는데 전 주인은 논까지 덤으로 주었다
 그러나 전 주인은 밭 관리를 엉망으로 해놨다
 바위와 돌멩이들이 여전히 밭 한가운데에 떡허니 자리를 차지하고 있었다

 우린 곡괭이와 끌과 망치와 밧줄을 동원해서 그것들을

밭 가로 들어냈다
 그러자 정상적인 밭 꼴이 갖추어 갔다

 아부지는 힘든 노동에 서서히 지쳐갔다
 소출이고 뭐고 아부지의 계산으론 별로 실이득이 없는 일이라고 판단했는지 그때부터 투덜거리기 시작했다

 ―사내로 태어나서 어떻게 그렇코롬 진뜩헌 뚝심이 없어분당가?

 엄니의 목소리도 앙칼지게 올라가고 있었다
 그때 우리를 숨어서 지켜보는 눈이 있는 것 같았다
 왜 그런진 몰라도 밭 아래쪽 칡덤불에서 엄청난 살기가 느껴졌다

 나는 자꾸 그 어둡고 습한 두려움이 느껴지는 곳을 힐끗힐끗 쳐다보았다
 엄니와 아부지도 무엇인가 느껴졌는지 두려움이 눈동자에 드리워졌다

 처음에는 그 덤불 속이 작은 바람이 흔들듯이 들썩거리더니 더 크게 일렁거리기 시작했다
 부모님은 우리들을 등 뒤로 감췄다
 등치가 마치 곰처럼 큰 무엇인가 그 덤불 속을 쪼개고 나와 장발을 하고 우리를 노려보았다

―반란군이다!

　엄니가 짧게 외쳤다

　이미 여기에 반란군이 낳은 자식이 살고 있었다는 얘기를 들은 적이 있었다

　반란군이라고도 하고 빨치산이라고도 하는 그들이 낳았다는 아들이 어딘가 도시를 떠돌다 돌아와 보니 부모는 마을 사람들에게 맞아 죽고 집은 불태워져 사라지고 밭과 논은 이미 다른 사람이 주인이 되어 농사를 짓고 있었다고 했다

　그 반란군 아들은 마을 사람들이 자기 부모에게 해코지한 것을 알고 밤이면 마을로 내려가 오만 복수를 하고 소나 돼지 닭 등을 모두 때려잡아 죽이고 신출귀몰하게 사라진다고 했다

　마을 사람들은 그 남자를 잡기 위해 순사와 군인들을 동원해서 대대적으로 토끼몰이를 하듯 온 산을 뒤졌다고 한다
　무덤을 파고 그 속에 숨어 있던 그 반란군 아들을 기어코 잡아내 감옥에 보냈다고 했다

형기를 다 마치고 나온 그 사람은 이제 동네까지 내려가서 해코지하진 않았으나 이 재너미골 밭과 논과 그 인근에 접근하는 사람들을 가차 없이 응징하곤 했다 한다
 이 재너미골 밭을 정식으로 국가에 승인을 받고 법적으로 그 사람 개인 소유라는 것을 입증한 서류(등기부 등본)를 보여줘도 소용없었다 한다
 농사를 짓던 사람들은 그 사람이 농작물을 망치고 불 사르고 뽑아버리는 바람에 도저히 견딜 수 없어서 우리 엄니에게 헐값으로 넘기고 손을 털었던 것이다

 바로 지금 그 반란군 아들이 우리 앞에 저승사자같이 떡허니 나타나 우리 가족을 금방이라도 달려와 집어삼킬 듯이 노려보고 있었다

 우리는 물론이고 아부지까지 사시나무 떨듯 다리를 떨었다
 그때 엄니가 몇 걸음 앞으로 나섰다

 ―느그 아부지랑 너희는 여그에 꼼짝 말고 있그라!

 엄니는 점심으로 싸 가지고 간 광주리를 머리에 이고 그 사람에게 천천히 다가갔다
 그리고 그 광주리를 그 사람 앞에 내려놓고 큰절을 했다

뭐라고 한참을 그 사람에게 말을 하더니 아부지를 손짓해서 불렀다
아부지는 그 자리에 얼어붙어서 한 걸음도 앞으로 나아가지 못했다

엄니가 한숨을 어깨로 푹 쉬는 것이 보였다
그러더니 또 그 사람에게 뭐라고 하고는 인사를 하고는 돌아서서 우리를 향해 걸어왔다

그 모습은 마치 잔다르크 같았다
아니, 전장에서 살아 돌아온 장군 같았다

그 사람은 엄니가 돌아서자마자 손으로 허겁지겁 음식을 먹기 시작했다

―다들 먹는 거 보지 말고 뒤돌아 있그라.

엄니가 낮은 소리로 우리에게 명령했다

우리는 모두 연장과 돌멩이를 손에 꼭 쥐고 있었다
밥을 다 먹은 그 사람이 힘이 더 세져서 우리 가족을 해코지할까 봐 무서웠다

그 남자는 게눈감추듯이 밥을 먹어치우고 으르렁거리는 목소리로 엄니를 불렀다

엄니는 이번에는 그 남자에게 다가가지 않으려는 아부지의 옆구리를 꼬집으며 억지로 끌고 같이 갔다

아부지는 그 남자 앞에서 얼어 오들거리는 모습으로 서 있었고 엄니가 또 그 남자에게 뭐라고 하자 그 남자도 엄니에게 몇 마디를 하고 고개 숙여 인사를 하더니 검불 속으로 사라졌다

우린 여전히 돌멩이와 연장을 양손에 들고 그쪽을 바라보고 있었다

엄니는 아직도 오들거리며 떨고 있는 아부지를 채근하며 옆구리에 광주리를 끼고 돌아왔다
우린 아부지에 대한 기대감이 별로 없었기 때문에 비겁하고 겁먹은 아부지를 아무도 탓하지 않았다
대신 그 무서운 남자를 상대한 엄니를 부신 듯 우러러보았다

─됐다. 이젠 안 무서워해도 됭께, 돌멩이랑 연장 모두 내려놔라잉.

엄니는 다리에 힘이 풀렸는지 털썩 주저앉았다
속으로 얼마나 긴장했는지 땀에 흠뻑 젖어 있었다

―엄니, 저 무서운 사람이랑 뭔 말을 했당가요?

―먼저 배고프냐고 물었제. 찬은 좀 그렇지만 식사하라고 했제.

그리고 우리 가족들의 속사정 애기를 간단히 했제. 니들 애비 쫄아있는 모습을 보고 오히려 안심한 눈치더랑께. 자기헌테 위협을 가할 사람으로 안 보였나 보제. 오히려 잘 되었당께.

우린 반란군 아들에게 점심을 고스란히 바치고 배를 쫄쫄 굶고 일을 했다
그래도 그 사람이 우리 가족을 해코지하지 않아서 다행이라 생각했다

우리가 배가 고파서 옹달샘에 엎드려 물배를 채우며 일을 하자 그 남자가 계속 숨어서 지켜보고 있었는지 불쑥 다시 나타났다

우린 또다시 놀란 토끼처럼 얼어버렸다 그러자 그 남자는 그걸 눈치챘는지 무엇인가를 땅에 내려놓으며 가져가라는 시늉을 하고 다시 사라졌다

이번에는 작은오빠가 용감하게 그곳으로 뛰어갔다
그 남자가 놓고 간 것은 파리똥(보리수 열매)이었다

―허매, 우리덜 배고플깸시 파리똥을 가져다주네잉.

엄니가 고마워하며 감탄했다

―에헤이, 그거 먹지들 말그라. 저놈이 여그다가 혹시 독약을 뿌렸는지 모르는 것이니께.

아부지는 끝까지 의심하며 한사코 먹지 말라고 만류했다

―저 사람이 설마 그러것냐? 가까이 봉께 보기보다 선하고 착해 보이드라. 암시랑토 않응께, 어서들 먹그라.

엄니가 아부지 말을 무시하고 파리똥을 한 웅큼을 집어 입을 쩍 벌리고 호기롭게 먹었다
그리곤 신맛이 도는지 눈을 찡그리며 고개를 좌우로 흔들었다

우린 엄니를 따라 허겁지겁 파리똥을 먹어치웠다
돌멩이도 씹어 삼키고 싶은 허기가 싹 가셨다

아부지만 끝까지 먹지 않았다
엄닌 아부지가 배고플까 봐 깨골창에 있는 미나리를

한 웅큼 뜯어다가 아부지 손에 쥐여줬다
 아부지는 투덜거리면서 우적우적 씹어 먹었다

 그다음부터 우리 가족은 없는 살림살이지만 그 재너미 골 밭에 갈 때면 그 사람의 담배와 밥과 막걸리를 가지고 갔다

 우리 아부지는 처음에는 그 사람을 경계하고 무서워하더니 막걸리를 나눠 마신 후에는 아예 말술을 짊어지고 가서 그 남자랑 대작을 했다
 어처구니가 없었다
 우린 그런 아부지가 못마땅해서 궁시렁거렸다

 그러자 엄마가 그래도 마을에서 호구 노릇을 하며 온 동네 사람들에게 술을 퍼먹이는 것보다 낫다며 우리를 달랬다
 우린 엄마의 말이 맞다고 생각해서 입을 꾹 다물었다
 힘들고 지루한 농사일은 여전히 우리들의 몫이었다

 실험적으로 콩도 심어봤다가 고구마, 참깨, 들깨롤 심어보다 참취, 도라지, 더덕, 삽주(창출), 마 등 약초를 시험 재배해 봐도 농사는 영 신통치 않았다

 아부지는 소출이 영 시원찮자 빠른 속도로 열정이 시들해져 버렸다

그 남자와 술 마시는 재미 때문에 따라나설 뿐이었다

그 남자는 이제 일반 생필품까지 당당히 요구하며 우리가 그 밭에 가끔 가면 왜 자주 안 오느냐며 화까지 냈다
대신 순식간에 자라 버리는 김을 매 놓았다

엄니는 그 남자가 일방적으로 우리 밭에 들어와 김을 매놓는 걸 극도로 싫어했다
어느 순간 비윗장이 틀어지면 그 밭을 자기 소유라고 빼앗아 갈까 봐 경계했다
그 남자는 그걸 눈치채고 엄니의 염려를 불식시키기라도 하듯 밭 가에만 잡풀을 정리해 놓았다

어떤 날은 배가 너무 고팠는지 두 능선을 걸어 올라와 우리 가족을 기다리고 있다가 우리 가족이 오는 소리가 들리면 뛰어와 광주리 속에서 자기 분량만큼의 밥을 허겁지겁 먹곤 했다

그러면 엄니는 밥을 더 덜어 칡잎에 싸서 한꺼번에 먹으면 탈이 나니까 조금 있다가 다시 먹으라고 더 주었다
술 역시 한꺼번에 주지 않고 점심 때쯤 안배해서 나눠 줬지만 아부지 때문에 실패하곤 했다

그 남자의 해코지를 안 당하고 그 밭과 논에 농사를

짓는 우리 가족의 소문은 천리를 가 있었다

어느 날이었다
그날도 밭을 매러 온 가족이 갔다
열심히 김을 매고 있었는데 호미에 물컹한 촉감이 느껴졌다
뒤이어 비릿하면서 독한 악취가 확 풍겼다

화들짝 놀라 자세히 보니 새끼 도마뱀이 내 호미에 몸이 두 동강이 나 꿈틀거리고 있었다

너무 놀라서 엄니를 막 소리쳐 불렀다
엄니는 내가 뱀에게 물린 줄 알고 달려왔다

―이런 오사랄년.

엄니는 놀란 눈을 풀며 욕을 했다

-너, 이제 큰일 났다잉. 도마뱀은 복수심이 강해 갖고 애 부모가 끝까지 쫓아와서 네 키를 세 번을 넘으면 너 깨꼬닥 죽어불어야.
 헝께, 야 부모가 눈치채지 못허게 후딱 땅속 깊이 묻어부려야.

큰오빠가 이죽거리며 겁을 줬다

나는 너무 무서워서 나를 골려주려고 그랬다는 사실도 모르고 겁에 질려 주위를 두리번거리며 호미로 아직도 꿈틀거리고 있는 도마뱀을 미친 듯이 찍었다

 몸이 두 동강이 났으니
 어차피 죽을 거 덜 고통스럽길
 고의로 죽인 것이 아니었으니 애 부모가 나에게 복수하려 오지 않기를 빌며 땅속에 깊이 묻었다

 독한 냄새는 내 온몸을 타고 도는 것처럼 가시지 않았다
 나는 제법 큰 바위를 번쩍 들어다가 도마뱀을 묻은 자리 위에 놓았다

 그리고 여전히 냄새가 내 온몸을 타고 도는 것처럼 역하고 독해서 토악질하며 옹달샘으로 달려갔다

 코를 미친 듯이 문질러 닦았다
 그래도 냄새는 가시지 않았다
 손을 흙에 피가 나도록 문질러 씻어도 냄새가 났다
 미나리 잎사귀를 훑어 손에 문지르고 얼굴에 문지르고 옷에 문질러도 역하고 독한 도마뱀 냄새가 가시지 않았다

 식구들은 그런 나를 보고 깔깔거리며 놀려먹었다
 하지만 나는 그 어느 때보다도 공포스러웠고 무서웠다

한 생명을 죽여놓고 나는 죽고 싶지 않았다
그 이율배반적인 감정이 미안하고 어처구니없고 또한 죽고 싶지 않다는 간절함이 회오리쳤다

내가 아까 죽여 묻어버린 애기 도마뱀
그 위에 눌러놓은 바위를 힐끗 쳐다보았다

세상에!
내 완전 범죄가 들통났다
제 새끼가 묻힌 줄 어떻게 알고 어미인 듯한 큰 도마뱀이 그 바위 위에서 고개를 쳐들고 있다가 나를 향해 휙 돌아서더니 죽일 듯이 노려보았다

나는 너무 무서워 얼른 감나무 위로 도망쳤다

―저 호랭이가 물어갈 년. 남사스럽게 치마를 입고 감
　나무를 탄 것 좀 보소잉.
　후딱 못 내리오냐잉!

엄니는 내 속도 모르고 감나무 아래서 욕설을 퍼부었다

엄니의 욕설은 하나도 무섭지 않았다
새끼 도마뱀 엄니가 나에게 복수를 하러 올까 봐 그것

이 더 무서운 공포여서 아무리 내려오라고 해도 절대 내려오지 않았다

  점심도 감나무 위에서 먹었다
  하지만 도마뱀의 역한 냄새가 계속 나를 따라다녀서 조금 먹다 말았다
  계속 헛구역질이 올라왔지만 토하지 않으려 기를 쓰며 노력했다

  가족들이 점심을 먹고 한숨 잔다고 감나무 아래 넓적하게 깔린 돌 위에 누워 잤다

  나는 혹시 도마뱀이 감나무 위에까지 쫓아올까 봐 방어 태세를 하며 감나무 가지를 하나 꺾어서 좌우로 쉴 새 없이 감나무 몸통을 쳤다
  그러다가 나도 모르는 사이에 까무룩 잠이 들었다

  무엇인가 손등을 간질이는 느낌이 들었다
  나는 눈을 감은 채 형제들이 강아지풀로 장난을 치는 줄 알고
  하지 말라고 손을 한 번 휘저었다

  그런데 강아지풀의 간지러운 느낌이 아니라
  무엇인가 축축하고 끈적거린 것이 내 손을 움켜쥐고 있는 것 같았다

눈을 번쩍 뜨고 손 등을 쳐다보았다
큰 도마뱀이 내 손 등에서 고개를 쳐들고 나를 노려보고 있었다
너무 소스라치게 놀라 비명을 지르며 손을 마구 털었다
그러자 도마뱀이 감나무 아래로 떨어졌다

그 바람에 가족들도 잠에서 깼다
가족들이 짜증 난 얼굴로 감나무 위에서 소리를 지르고 있는 나를 째려보았다

그러고는 내 공포 따윈 대수롭지 않다는 듯
기지개를 켜면서 손부채를 하며 덥다고 투덜거렸다

나는 공포에 질린 눈으로 열심히 감나무 몸통을 살폈다

그런데 이번에는 여러 마리가 떼로 올라오고 있었다

—엄니, 도마뱀들이 나에게 복수하려고 떼로 몰려와 부요. 여, 여보씨요! 살려주씨요. 엉엉엉.

나는 자지러지게 놀라며 공포로 가득한 비명을 지르며 울었다
하지만 가족들은 짜증스럽다는 듯 엉덩이를 신경질적

으로 털며 밭을 매러 가버렸다

유일한 방어막이었던 감나무 가지도 아래로 떨어뜨려 버렸다
다시 감나무 가지를 꺾을 시간은 없었다
빠른 속도로 도마뱀들이 올라오고 있었기 때문이다

나는 살기 위해서 높은 감나무 위에서 뛰어내렸다
발목이 겹질려 너무너무 아팠지만 도마뱀에게 안 잡혔다는 안도감에 가족들을 향해 절뚝거리며 뛰어갔다

혹시 도마뱀이 따라와 내 작은 키를 훌쩍 뛰어넘으면 죽을 수 있다는 공포감에 엄니의 치마를 움켜잡고 따라다녔다

아부지가 엄니보다 키가 크지만 아부지는 절대 나를 지켜주지 않을 것 같아서 생명줄처럼 엄니 뒤에 숨었다

뼈가 부러졌는지 모르지만 숨이 쉬어지지 않을 만큼 아팠다
그러나 도마뱀이 내 키를 세 번을 넘으면 죽을 수 있다는 공포에 밭을 다 매고 돌아올 때도 엄니 곁에서 한시도 떨어지지 않았다

역하고 독한 냄새는 꿈속까지 따라와 괴롭혔다

또 도마뱀들이 다 몰려와 방문을 입으로 물어뜯어 쳐들어왔다
그러고는 내 키를 백 번도 넘게 넘고 또 넘었다

나는 그 이후 시름시름 아팠다
헛구역질을 계속했으며 풀밭도 무섭고 마당도 무섭고 마루도 무서웠다
온통 세상이 무서웠다

그래서 집 밖으로 한 걸음도 나가지 않으려 했고
어쩌다 밖으로 나갈 때는
잎사귀가 너불거린 대나무로 허공을 휘젓고 다녔다

―하하하하, 저 가시나가 미쳤나 부다잉.

동네 머스마들은 내 속도 모르고 놀렸다

나는 살면서 그렇게 무서운 적이 한 번도 없었다

부모님은 사태의 심각성을 알고
절대 도마뱀이 복수하러 오지 않는다고 안심을 시키며
내 공포를 줄어들게 하려고 진땀을 뺐다
나는 그 거짓말을 절대 믿지 않았다

엄니는 매로 나를 다스리려 했다

괜찮다며 아무리 안심을 시켜도 끄떡도 하지 않았다
어떤 회유도 소용없었다

도마뱀들이 나를 반드시 찾아내
내 키를 세 번을 넘을 것이고
그러면 내가 죽을 거라는 그 공포

하지만 가난한 가족은 고양이 발이라도 빌려 가난을 타파해야 했으므로 엄니는 나를 질질 끌고 그 지옥 같은 재너미골 밭으로 데리고 갔다

나는 목청을 드러내며 울었다
송진이 끈적거린 소나무 가지를 좌우로 흔들며 발을 구르며 울었다
앉지도 않고 서서 팔짝팔짝 뛰며 울었다

―저 가시내 무당 굿헝거 맹키로 우네잉.

형제들은 여전히 나를 놀리느라 혈안이 되어 있었다
재너미골 밭은 내 울음으로 가득했다

그때였다
반란군 아들인 남자가 어슬렁거리며 나타났다
그러나 그 아저씨는 이제 하나도 무섭지 않았다

―아가, 왜 그렇게 운다냐?

―허미, 요 가시내가 저번에 도마뱀 새끼를 밭매다가 실수로 죽여부렀는디요. 그 부모가 복수하러 찾아와서 지 키를 세 번을 넘어 지가 죽을까 봐 안 그런다요.

―아.

그 아저씨는 왜 그런지 알았다는 듯 짧게 아. 하더니 나에게 다가와 진지한 표정으로 말했다

―나가 절대 도마뱀들이 니 키를 못 넘게 지켜줄랑께, 울음 뚝 그치그라잉.
나가 사람도 한 손으로 때려눕혀 버리는 반란군 씨인 거 알제?
나가 여그에 살면서 배가 고파 도마뱀들을 많이 잡아먹었는디야. 한 번도 복수를 안 당했당께.
힝께, 절대로 도마뱀들이 너에게 해코지하지 않을 꺼여.
자, 약속혀.

그 아저씨는 손가락을 걸어왔다

―아야, 너 파리똥 먹고 잡제? 요 아래 가면 엄청시로

많은디, 나랑 같이 가서 안 따 먹을 테냐?

그 아저씨는 우리 부모에게 허락이라도 받으려는 듯 쳐다보았다

엄니는 순간적으로 얼굴빛이 어두워지며 난색을 표했다

아무리 이 아저씨랑 친해졌다 해도 어린 딸을 혼자 보낸다는 건 여간 난처한 일이 아닐 수 없었기 때문이다

—하하하, 걱정허지 마씨요. 인근 부락 사람들이 나가 어린애 간을 빼 먹어분다고 헛소문을 퍼뜨린 거 알고 있구만이라.

그 아저씨는 허공에다 대고 웃었다
그 웃음은 마치 흐느끼는 울음처럼 들렸다

—나가 따라갔다 올텐게, 일들 하고 있쏘.

아부지가 선뜻 나를 데리고 파리똥을 따러 따라갔다 오겠다며 자청했다

아부지는 나를 업고 그 아저씨를 따라 덤불 너머에 있는 파리똥 나무가 있는 곳으로 따라갔다

거기는 마치 신천지 같았다
파리똥 나무 열매가 얼마나 주렁주렁 열렸는지 눈이 휘둥그레질 정도였다

한 그루 나무만 있는 것이 아니라 엄청 큰 파리똥 나무들이 50그루도 더 될 정도로 많이 있었다

─나가 이렇게 많이 심어 가꾸어 놓았제.

아저씨는 자랑스럽게 어깨를 펴며 말했다

파리똥 나무 옆에는 멧돼지들이 종종 목욕하러 온다는 늪이 있었다
늪 가운데로 들어가면 못 나오니까 절대 들어가지 말라는 주의도 주었다

─나가 먹을 것이 없어서 멧돼지들이 파리똥을 주워먹고 어그서 진흙 목욕 하는 것을 보고, 해 질 녘엔 바닥에 떨어진 파리똥을 다 쓸어모아 늪 가운데에 뿌려 놓는디, 큰놈들은 영악해가꼬 그곳까지 안 들어간디, 새끼들은 겁대가리 없이 들어간당께.
결국 허우적거리다 못 나오고 죽어불제. 그러문 요 옆에 긴 사다리를 그 늪에 비스듬히 박고 밧줄을 가지고 들어가 고리를 걸어 끄집어내 먹는당께.

나가 무슨 수로 여그서 살아남을 수 있었겄냐? 저
늪은 내 식량 창고랑께.
자, 아나, 파리똥 맛낭께, 먹어보그라잉.

이상한 일이었다
떫고 시고 단 파리똥을 그 아저씨가 따서 내 입에 가득 넣어주자 헛구역질이 멈췄다

끈질기게 따라다니던 도마뱀의 역하고 독한 냄새도 가셨다

아부지는 나를 내려놓고 정신없이 따 먹었다

―아휴, 시구랴. 셔. 달고, 달다.

아저씨가 흐뭇한 듯 빙그레 웃었다

―이센, 식구들 것도 많이 따 가씨요. 어차피 농익어서
떨어져 불면 멧돼지랑 들짐생이들 차지가 되어붕께.
나가 파리똥을 따서 오일장에 가져다 팔아봤는디,
반란군 씨라고 아무도 안 사주더랑께.
이런 더러운 세상. 퉤!
내년부터는 여그 관리도 이센네가 하씨요. 나는
이제…

아저씨가 말끝을 흐리며 한참이나 멍허니 초점 잃은 눈으로 늪 중앙을 보며 중얼거렸다

—나가 멧돼지 새끼들을 하도 많이 잡아먹어가꼬 꿈에
  서 저 늪 가운데서 돼지 울음소리가 들린당께.
  엇그저께도 한 마리가 늪에 잡혔는디, 개 애미가 하
  도 울부짖어싸서 불쌍터랑께.
  혀서 나가 구해서 보내줬당께.
  마음속에 무거운 돌덩이 같은 것이 짓누르고 있었는
  디, 가벼워지드랑께.

그 아제는 막걸리를 벌컥벌컥 마시더니 반 잔 정도를 늪 가운데로 찌끄렀다

한참이나 늪을 향해 서 있다가 나를 보더니 입을 다문 채 씩 웃었다

그러고는 나를 번쩍 안아 넓적한 바위 위에 앉혔다

그 아저씨 몸에선 우리 집 돼지 마구간 냄새가 났다
그래도 도마뱀의 역하고 독한 냄새보단 나았다

—아가, 내 야기 잘 들어봐라잉. 나가 사실은 도시에서
  공부를 많이 했는디야.
  반란군 씨라고 세상이 나를 안 받아줘 각고 여그로

흘러들어올 수밖에 없었는디야.
여근 내 고향이었쓩께. 내 부모가 살던 곳이었응께.
암튼 말이여, 나가 공부를 많이 했씨야. 긍께 내 야기 잘 들어라잉.
저 도마뱀들 이름은 말여. 표범장지뱀이라고 혀. 자세히 보면 등에 점박이가 있는디 표범처럼 무늬가 있다고 혀서 그렇게 부르는 것이여. 여근 사람들이 잘 오지 않는 깊은 골짜기이고 사람들에 의해서 훼손이 안 되어 쟤들이 살 수 있는 터가 된 거여. 표범장지뱀은 오염되지 않는 곳에서만 사는 파충류들이라 엄청시로 귀한 도마뱀들이랑께.
헝께 앞으로 조심해서 밭을 매그라잉.
죄로 따지면 나가 배가 고파서 먹을 것이 없어서 쟈들을 자주 잡아먹었으니까 복수는 나헌테 많이 혀야제.
헌디 말이여. 사람들은 가족들이랑 같이 모여 살지만 이 표범장지뱀들은 알에서 깨어나면 각자 살아간당께. 부모가 누군지도 모르고 자식이 누군지도 모른당께. 알에서 깨어나면 각자 알아서 살아가야.
헝께, 복수 같은 것은 절대 할 수 없어야.
니가 이 사실을 알아불었다는 것은 니 친구들보다 엄청시로 똑똑해져 부렀다는 것이여.

―진짜제라? 진짜제라?

아!
공포에서 해방된 순간이었다
나를 무섭게 억누르고 있던 공포와 역한 냄새까지 다 사라져 버린 순간이었다

나는 너무 좋아서 아저씨 무릎으로 폴짝 뛰어 앉았다
그리고 아저씨 목을 끌어안고 볼에 몇 번이나 뽀뽀를 했다

아부지가 기가 막히다는 듯 혀를 차며 웃었다

설사 아저씨 말이 다 맞지 않다 해도 이젠 괜찮아졌다

도마뱀이 나를 한 번을 넘을 때 미친 듯이 도망치면 죽지 않을 것이다
설사 따라와서 두 번까지 넘어도 달리기를 잘하는 내가 세 번까진 지지 않고 도망칠 것이다

이 공포와 맞서 싸워 이길 것이다

그 아저씨는 그 이후 소리 소문 없이 사라졌다
어디로 갔다는 소문도 없었다
갑자기 지구 밖으로 사라진 것처럼 증발해 버렸다

사다리가 늪 옆에 향불처럼 타다 남아있었다

나는 그 아저씨가 어디로 사라졌는지 알 것 같았다

우리 가족은 그 아저씨에게 그 파리똥 밭을 선물받았다
그러나 그 재너미골 밭은 우리 가족의 가난까진 벗겨내지 못했다

다만 재너미골 밭에 매달려 있는 동안 형제들이 장성해서 완행열차를 타고 도시로 도시로 흘러 들어가 자립했다

고향을 훌훌 벗고 나서야 비로소 우리 형제들은 밥술깨나 뜨면서 살 수 있었다

그러나 그 재너미골 밭은 우리 가족의 애환이 깃들어 있었다

돌아보면
그 재너미골 밭의 표범장지뱀은 살 떨리게 무서웠으나, 특별한 기억과 우리 가족의 추억이 살아있던 곳이었다

방명록

\# 김○연 선생님
소설 같은 실화의 글 잘 읽었습니다
쌤 올도 홧팅입니다 ^^♡♡♡

\# 정남현 선생님
―읽어가는 내내 가슴 조이며
가슴 떨리는 단편소설을 읽는 마음이었습니다
뜨겁게 읽었습니다 고마워요 ^^
서방님 식사 준비 중에 읽었는데
어느새 식사 준비는 뒤편 윤 시인님께 빠져들어갔어요
오늘은 서방님보다 샘이 더 좋았어요…ㅎ

\# 김석구 선생님
―처절한 몸부림 같은 삶
　가슴떨림으로 읽었습니다

\# 박순경 선생님
―소설에나 나올 듯한 삶의 현장
  조마조마한 마음으로 읽어 내려갔습니다.
  매끄럽게 써 내려간 글 감상 잘했습니다.

\# 홍인숙 선생님
―맛있는 글 재미있게 잘 읽었습니다 ^^

\# 이정종 선생님
―와, 아침 일찍부터 엄청난 대작을 읽었습니다. 자전적 소설 한 편이 가슴 졸이며 순간에 읽었습니다. 그 시절의 이야기를 구수한 사투리와 현실감 있게 잘 표현하셨네요. 딘편집을 내셔야겠어요. 감사합니다. 어린 시절의 추억을 돌아보게 됩니다

\# ○○○
―글거리가 마르지 않는 작가님

양종렬 선생님
—근디 쌤님은 뭔놈의 글재주가 이리 좋당가요. 쪼매쪼매허다 끝날랑가보다 했는디 한참이 가부렀당게. 잘 살려서 책 내버리드라고 잉.

조여진 선생님
—「표범장지도마뱀」 땀시 눈을 떼지 못하구 읽었당게요. 쌤 넘 흥미진진한 야기 잘 보았당게요.

김응기 선생님
—나들이길 신호대기 때마다 잠깐씩 읽다가 이제야 마저 읽었습니다. 실화라고는 믿기지 않을 만큼 탄탄한 구성과 생동감 있는 문체, 걸쭉한 남도 사투리, 짙은 페이소스… 어느 것 하나 놓칠 수 없는 절창입니다. 쌤 글 이후도 기대가 됩니다. 응원합니다.

우○옥 선생님
—저는 열었다가 넘 길어서 시간 내서 천천히 읽을 계획입니다.
내일까지 해야 할 과제가 있어서 집중이 안 되네요.
진심 멋진 작품 같아요. 단편소설로 만들어 보세요^^

장○자 선생님
―이윤선 아우님
 매끄럽게 거침없이 스릴 느끼며 읽을 수 있는 글
 소설 한 권 잘 감상했어요.

                              # 안○인 선생님
―아침에 이 글을 읽다 숨이 멈추는 줄 알았답니다.
 스릴러 영화를 본 듯 한동안 깨어나지 못했답니다~*
 좋은 글 써주신 샘~! 따~랑합니다~♡

최○숙 선생님
―마음을 건드리는 시를 쓰시는 시인이신 줄 알았는데
 소설가셨군요! 그다음 그다음
 스크롤을 올리면서 너무 궁금하고 무섭고 한편 징
 그럽고
 조그만 여자아이의 공포에 찬 모습이 생생하게 그
 려져서
 주먹도 쥐었다, 긴장했다,
 너무 몰입하는 바람에 읽느라 힘들었습니다.
 인물들의 캐릭터가 생생하여 읽는 내내 흥미진진,
 단편소설도 되지만 충분히 장편 소설도 될 수 있는
 멋진 글
 아주 재미있게 읽었습니다. 감사합니다!

김진순 선생님
―「표범장지뱀」을 읽으며
　한마디로 위대한 어머니!
　나도 같이 재너미밭에 함께 있는 듯 시대상이 느껴집니다
　강인한 엄니의 딸이었기에 똑 닮은
　지혜롭고 억척스럽고 강인한 샘이 될 수 있는
　원동력을 받았구나…… 인정하게 됩니다
　경기도에선 경험하지 못한 시대의 아픔도
　함께 담은 귀한 글 잘 읽었습니다
　사랑합니다♥♥♥

　　　　　　　　　　　　　　　　# 최창일 선생님
　　　　　　　　　　　　　　　　―우와
　　　　　　　　　　이 선생님 필력 대단하십니다
　　　　　　　　　　이젠 하산하셔도 되겠습니다

평론

'새로 생긴 저녁'을 그려 내는 시의 탐험

―최창일(이미지 문화평론가)

평론

'새로 생긴 저녁'을 그려내는 시의 탐험
—최창일(이미지 문화평론가)

> 올해는 매미 소리가 쨍쨍쨍 꽹과리 소리처럼
> 내 가슴을 파고든다
> 나는 접신된 매미 울음소리로 가득 울고 싶다
> 속으로 울고 있는 내 마음이
> 저 무수한 울음들을 자석처럼 끌어당기고 싶다

「나는 매미처럼 울고 싶다」 부분이다. 시인이 살아가는 시대는 '새로 생긴 저녁'처럼 '죽음의 시늉'들이 산재한 세상을 매미를 통하여 대변한다. 이윤선 시인은 현대 시가 거대 서사나 고상한 주제에서 벗어나 일상적 언어와 경험을 포착하는 데 주목한다. 매미라는 소재로 거대 담론을 꺼내는 것이다. 도시 생활, SNS 언어, 개인적 감각들이 시 속으로 들어오며, 삶의 구체적 장면이 시의 재료가 된다. 동시에 사회 문제, 정치, 환경, 젠더 등 현실 참여적 주제가 강하게 드러낸다.

 오늘날 시는 하나의 목소리나 완결된 서사보다 파편적

이미지와 다성(多聲)적 구조를 추구한다. 이는 후기 자본주의적 현실, 인터넷 시대의 단편적 의식, 기억의 조각들을 반영한 것이다. 시집 한 권이 일관된 통일체라기보다 다양한 조각들의 병치로 이해되곤 한다.

이윤선 시인은 『봄의 신작들』 시집을 펴냈다(2025.7.31.). 이어 『나무숲』 시집 원고를 털어냈다. 반년도 가지 않은 기간이다.

시인은 시를 써야 시인이다!
나는 나의 신념의 법을 따라가겠다!

머리말에서 단, 두 줄의 말, 작심(作心)의 의사를 표한다. 시인에게 말은 길어서! 짧아서! 아니다. 한 줄 문장에 현대 시의 장르와 경계를 흔들게 한다. 현대 시는 산문과 시, 영상과 텍스트, 퍼포먼스와 낭독이 어우러지는 복합예술로 확장되고 있다. 시는 더 이상 책 속에만 머무르지 않고, 영상 시, 낭독극, SNS 시 등 새로운 매체 속에서 살아 움직인다.

파괴된 자연과 인간성의 위기 속에서 시는 생태적 감수성과 존재의 근원적 물음으로 돌아가려는 경향을 보인다. 단순히 개인의 체험이 아니라, 인간과 세계, 보이는 것과 보이지 않는 것 사이의 관계를 탐구하는 영적 시학도

강화되고 있다. 이 시인이 풀어낸 매미처럼 '이 여름을 울고 싶다'라는 것이 하나의 증거다.

한국 현대 시는 세계 문학과 활발히 소통한다. 번역과 디지털 매체를 통해 시적 교류가 이루어지는 한편, 각자의 지역성과 공동체성을 붙잡으려는 움직임도 뚜렷하다. 이는 "뿌리 없는 보편성"을 경계하고, 자기 언어와 장소에서 시작되는 보편성을 강조하는 흐름이다.

이윤선 시인의 시적 발상을 지구의 부분으로 논하는 것은 매우 지엽적인 생각일 것이다.

현대 시가 자유로운 언어 실험과 사회적·존재적 성찰이라는 두 축 위에 서 있다. 이윤선 시인의 시의 방향도 하나로 수렴되지 않고, 다원성과 개방성 속에서 흘러간다. 시는 "어디로 가는가?"라기보다, 끊임없이 새로운 길을 만들어가고 있다고 할 수 있다.

이윤선 시인의 시는 파괴된 자연과 불안한 지구 앞에서 시는 다시 숲과 강, 돌과 바람의 목소리를 불러낸다. 나무와 새, 풀꽃과 흙은 단순한 소재가 아니라, 인간과 세계의 관계를 새롭게 묻는 언어다. 이러한 생태적 시학은 인간 중심의 서정을 넘어선다.

여러 갈래가 동시에 뻗어나가며 서로 교차한다. 일상적 언어, 파편의 형식, 혼성의 실험, 생태와 영성, 지역과 세계의 긴장이 공존한다. 시는 답을 주지 않는다. 오히려 "너는 어디로 가고 있는가?"라고 묻는다.

시의 길은 흔들리고, 그 흔들림 속에서 새로운 언어가

태어난다. 바로 그 점에서 시는 여전히 가장 근원적인 문학이자, 시대를 살아가는 우리에게 가장 불가결한 예술이다.

  달맞이꽃은 낮을 끄고 잠든다
  눈부신 잠 속에서
  자기를 헐렁하게 덮고 환한 꿈을 꾼다
  바람이 노래를 불러주기도 하는 들녘
  꽃문을 열고 나비와 잠자리가 들여다본다
  연노랑 날개를 펴고 접는 밤과 낮의 추
  땡볕이 뜨겁게 핥다가 미끄러지기 한
  맨몸으로 잠든 달꽃
  여름을 베고 백야처럼 환한 잠 속에서도
  향기가 달을 향해 흘러간다
  변함없이 달에게 닿아 있는 외사랑꽃

  —「환한 잠」 전문

  시를 읽는 것은 달의 표면에 발을 딛는 것으로 비유된다. 새로운 세상에 접어든다는 뜻이다.
  '달맞이꽃은 낮을 끄고 잠든다'라는 시의 미학에 정신이 바짝 든다. 시인의 시적 번뜩임이 독자에게 시의 문면(文面)을 바라보게 한다.

달맞이꽃의 생태를 시적으로 풀어내며 자연과 감정, 낮과 밤, 깨어 있음과 잠듦의 경계를 넘나드는 섬세한 정서를 표현했다. 낮에는 시들고 밤에 피는 달맞이꽃의 특성이 "낮을 끄고 잠든다"라는 표현으로 시작되어, 시 전체를 하나의 고요하고 환한 잠의 이미지로 이끈다.

"자기를 헐렁하게 덮고 환한 꿈을 꾼다"라는 구절은 마치 꽃이 스스로 느슨히 감싸고 자연에 몸을 맡기는 듯한 평온함을 전한다. 바람이 노래하고, 나비와 잠자리가 꽃을 들여다보는 장면은 환상적이면서도 자연의 섬세한 조화를 그려낸다. 이러한 묘사는 달맞이꽃의 잠이 단순한 휴식이 아니라, 자연과의 교감 속에서 이루어지는 생명의 일부분임을 암시한다.

"여름을 베고 백야처럼 환한 잠 속에서도 / 향기가 달을 향해 흘러간다"라는 부분은 이 시의 백미이다. 꽃이 잠든 밤에도 향기를 달을 향해 흘려보내는 모습은, 변함없이 누군가를 향해 마음을 전하는 외사랑의 메타포로 읽힌다. "외사랑 꽃"이라는 마지막 표현은 시 전체를 관통하는 감정을 응축한 말로, 사랑을 받지 못하면서도 묵묵히 향기를 보내는 존재의 순수함과 애틋함을 느끼게 한다.

달맞이꽃이라는 존재를 통해 자연의 리듬과 사랑의 감정을 섬세하게 연결한 작품이다. 밝은 낮이 아닌, 오히려 '환한 밤' 속에서 피어나는 사랑의 아름다움을 담담히 노래하며, 읽는 이로 하여금 고요한 감동과 함께 내면의 따스한 감정을 일깨우게 한다.

매미보다 더 간헐적으로 울어대던
뒷집 지하 앵무새 한 마리
탈출해서 우리 집으로 날아들었다
자유를 찾아 밖의 세상으로 도망쳐 본 앵무새
지글지글 들끓는 대서 더위에 놀라
제집으로 돌아간다는 것이
남편에게 불시착했다
사람의 어깨 위에서 길들여진 습관 때문인지
잘 돌보지 않고 빽빽 울려대는 제 주인보다 좋은지 아주 오래오래 앉아 있었다
손님이 신기하여 쓰다듬는 순간까지
천연덕스럽게 어깨를 빌려
시원한 에어컨 바람까지 쐬고 도망갔다
그날 밤 뒷집 지하에선 앵무새가 울지 않았다
어떤 결심이 일부러 길을 잃었는지
모를 일이었다

—「앵무새」 전문

이웃집 지하에서 간헐적으로 울던 앵무새 한 마리가 어느 날 주인을 떠나 자유를 향해 날아들었다. 우연히 시인의 집에 불시착하면서 벌어지는 인상적인 사건을 담고 있다. 처음엔 단순한 동물의 탈출로 보이지만, 시를 곱씹다 보면 이 앵무새가 상징하는 의미는 더 깊고 다층적이다.

현대인의 다층, 군상을 떠올리는 시다. 앵무새는 자유를 찾아 날아들었지만, 곧 대서 더위라는 예상치 못한 장벽에 맞닥뜨린다. 그 순간, 본능처럼 향한 곳은 사람의 어깨였다. "길들여진 습관 때문인지"라는 구절은 이 앵무새가 비록 자유를 원했지만, 완전히 낯선 곳보다는 어느 정도의 안정을 제공하는, 익숙한 관계를 찾아갔다는 암시처럼 느껴진다.

"잘 돌보지 않고 빽빽 울려대는 제 주인보다 좋은지"라는 대목은 우리가 맺고 있는 관계 속에서도 진정한 이해와 돌봄이 부재할 때, 그 대상은 사람이나 동물이든 더 나은 관계를 갈망하게 된다는 메시지를 담고 있다. 낯선 이의 어깨라도, 따뜻하고 편안하면 잠시 기대어 쉴 수 있다.

마지막 연에서 "그날 밤 뒷집 지하에선 앵무새가 울지 않았다"라는 문장은 매우 인상 깊다. 이 조용함은 단순히 앵무새가 없어서일 수도 있지만, '어떤 결심'이 있었을지도 모른다는 시인의 상상은 앵무새의 행동에 어떤 의지가 담겨 있었음을 시사한다. 길을 '잃었다'기보다는 어쩌면 일부러 '잊은' 것일 수도 있다는 여운을 남긴다.

앵무새를 통해 인간의 삶과 관계, 자유와 안식 사이의 복잡한 감정을 섬세하게 드러낸다. 소란스럽던 울음소리의 침묵이 뜻하는 것은 단순한 정적이 아니라, 작은 존재가 조용히 내린 선택이며, 그것은 우리가 어쩌면 자주 지나치는 '관계의 온도'에 대해 돌아보게 만든다.

새벽 자전거를 타고 가는데
어느 해 장마철에 사람이 맨홀에 빠져 죽은
그 옆에 중학생으로 보인 아이가
쭈그리고 있다
두 팔로 두 다리를 오므리고 가랑이 사이에
얼굴을 푹 묻고 있다
그 옆에는 초록색 따릉이가 받쳐 있다
사방팔방 누울 곳도 벤치도 저리 흥청흥청 널려있는데 왜 저렇게 쭈그린 잠을 자고 있나
이른 새벽 왜 집을 나와 저러고 있나
안타까운 마음이 훅 끼쳐온다
고개를 꺾어 돌아본다
두 아름으로 올라오는 연민이 흔들려 온다
밤톨처럼 오목한 뒤통수
내 자식처럼 가만히 쓰다듬어주고 싶다는 생각 끝이 번뜩했다
어쩌면 그 죽은 사람이 저 아이 엄마였을지도 모른다
그러고 보니 작년에도 그 자리에 한 아이가 웅크리고 있었다는 것이 기억이 났다
자꾸… 자꾸 꼬리를 무는 생각들이 길게
안타까워하며 따라붙는다

—「웅크린 아이」 전문

무심한 새벽 풍경 속에서 일어난 작은 발견으로 시작된다. 한 아이가 쭈그리고 앉아 있는 모습은 단순한 휴식처럼 보일 수도 있지만, 시인은 그 이상을 느끼고, 그 아이에게 다가가는 마음의 움직임을 섬세하게 표현한다.

중학생으로 보이는 아이는 "두 팔로 두 다리를 오므리고 가랭이 사이에 얼굴을 푹 묻고" 있다. 단순한 자세가 아니라, 세상과의 단절, 또는 감정적 고통에서 자신을 보호하려는 방어의 몸짓처럼 느껴진다. 주변에는 누울 곳도 벤치도 널려있지만 아이는 그저 바닥에 웅크리고 있다. 이 모습에서 우리는 아이가 처한 정서적 상황 고립, 슬픔, 혹은 상실을 짐작하게 된다.

특히 "그 옆에 초록색 따릉이가 받쳐 있다"라는 구절은 현실적이고 구체적인 이미지로, 아이가 여기까지 어떻게 왔는지를 암시하며 씁쓸한 현실감을 더한다. 아이는 도심의 한복판, 일상의 공간에서 '비일상적'인 고통에 잠겨 있는 것이다. 시인은 그 장면을 그냥 지나치지 못하고 되돌아본다. "내 자식처럼 가만히 쓰다듬어주고 싶다"라는 마음은 인간적 연민과 따뜻한 마음의 표출이다. 이 연민은 단순한 감상이 아니라, 존재에 대한 진심 어린 관심과 애틋함으로 발전한다. "어쩌면 그 죽은 사람이 저 아이 엄마였을지도 모른다"라는 상상은 시의 정서를 극적으로 고조시키며, 독자 또한 가슴이 먹먹해지게 만든다.

작년에도 같은 자리에 아이가 있었다는 기억이 떠오르며, 이 장면이 일회성이 아니라 반복된 비극일 수 있음을 암시한다. 시인은 한순간의 장면에서 사회적 무관심, 상실, 성장기의 고통, 도시의 냉정함 같은 깊은 주제를 자연스럽게 끌어내고 있다.

「웅크린 아이」는 '어떤 사연이 있는지도 모른 채' 살아가는 이웃의 고통을 우리가 얼마나 쉽게 지나치고 있는지를 돌아보게 만든다. 시인이 느낀 연민은 독자의 마음에도 물결처럼 퍼져 나가며, 우리가 놓치고 있는 것들 타인의 상처, 그늘진 자리, 그리고 작은 인간성에 대해 다시 바라보게 한다.

물에 총을 쏜다
총을 옆구리에 찬 것은 아니다
제 몸이 총알이 된 것이다
맨몸으로도 속도를 뚫는다
몸 하나로 생을 뚫는 저 물총새

―「물총새」 전문

새를 통해 자연의 경이로움과 생명의 강인함을 섬세하게 표현하고 있다. '물에 총을 쏜다'라는 구절은 단순한 묘사를 넘어, 물속으로 빠르게 돌진하는 물총새의 사냥 장면을 강렬한 이미지로 시각화한다. 이런 묘사는 시를 읽는 재미에 빠진다. '총을 옆구리에 찬 것은 아니다 / 제 몸이 총알이 된 것이다'라는 구절에서는 물총새가 도구

없이 오직 자신의 몸으로 물을 가르며 나아가는 모습을 통해, 생존이라는 본능 앞에서 얼마나 본질적이고도 강인한 존재인지를 보여준다. 시인의 빼어난 다층 시선을 보이는 대목이다. 시를 감상하면서 만약 시인이 지리산에서 도를 닦는 도인이라면 산신령이 하산을 명하였을 것으로 보인다. 시의 경지를 말하는 것이다.

'맨몸으로도 속도를 뚫는다/ 몸 하나로 생을 뚫는 저 물총새'라는 마지막 구절은 감탄을 자아낸다. 물총새는 날렵한 몸 하나로, 아무런 보호막 없이도 삶을 관통한다. 이는 단순한 생물의 모습이 아니라, 어떤 역경 속에서도 자신의 존재로 정면 돌파하는 강인한 삶의 태도를 상징하는 듯하다. 물총새는 자연 일부이면서도, 그 자체로 삶의 은유가 되어 독자에게 묵직한 울림을 준다. 시는 생명이 지닌 본질적인 힘, 자연 속 존재들이 지닌 경이로움을 새삼 느끼게 된다. 짧은 시 속에서 물총새는 단순한 새가 아니라, 생을 뚫고 나아가는 존재의 상징으로 우리 마음속에 깊이 각인된다.

이윤선 시인은 시의 언어를 포착, 탐험의 기술이 흥미롭다. 홍수의 주제를 가지고 제목을 붙이는 시능(詩能)의 솜씨도 그렇다.「그럼에도 불구하고」라는 제목은 생소한 언어 미를 당겨오는 솜씨가 전지전능한 기미를 보인다. "쓰러진 해당화 두 송이가 부유물을 뒤집어쓰고 피었다" "잔인한 시간을 잔인하게 받지 않고/ 제 빛을 모아 눈물겹게 핀 해당화/ 와락, 희망을 안는다" "꽃이 주먹을 쥐었다

펴는 일은/ 꽃 마음 여는 것// 뿌리가 무슨 일을 했는지/ 투명하게 보여주는 것// 자기를 증명하는 일이/ 환한 꽃 피워내는 일"과 같은 시의 형학(形學)이 재미있고 언어의 맛을 착 붙게 한다.

  호느적거리는 된더위 속으로
  잠자리 떼 용감히 날고
  그늘을 벗겨낸 느티나무
  제 둘레에 자기 스스로가 멍석이 된다

  —「그늘 방석」부분

 무더운 여름날, 느티나무 아래에서 마주한 자연의 고요한 쉼표를 담은 시다. 시인은 '된더위'라는 표현을 통해 땀 흘릴 듯한 한낮의 열기를 생생하게 그려낸다. 하지만 그 속에서도 자연은 쉼을 허락한다. '느티나무'는 자신의 그늘을 '멍석'처럼 펼쳐 사람과 생명을 품어준다. 이 장면은 마치 따뜻한 품에 안긴 듯한 안도감을 느끼게 한다.

 그늘'은 자연이 만든 쉼터이자, 시인이 그 안에서 찾는 평안이다. 바쁜 일상과 뜨거운 열기 속에서 벗어나, 시인은 자연이 내어주는 그늘 속에서 몸과 마음을 쉬게 한다. 그늘을 벗겨냈다는 시의 미학은 크게 울림을 준다. 자연이 주는 작은 배려와 생명의 리듬을 더 귀하게 느끼게 된다. 뜨거운 태양 아래에서도 나무는 조용히 그늘을 펼치고, 생명은 그 안에서 숨을 고른다. 나 역시 그늘 방석 같은 존재가 되어, 누군가에게 조용한 쉼이 되어줄 수 있으면 좋겠다는 생각이 들었다. 시인은 제목 붙이기에 상당한 언어의 미학을 즐기고 있다. 상반된 이질(異質)의 제목, 시의 별미를 느끼게까지 한다.

'담쟁이'는 많은, 시인들이 주제로 삼는다. "끓어진 기억을 더듬으며 오른다"라는 시어가 이윤선 시인의 독창적이고 시력 연륜을 보여준다. 행간 없이 시를 끌어가는 시인의 의도도 연구의 대상이다. 행을 바꾸는 것은 독자에 행간의 여백, 생각의 여백을 준다. 이윤선 시인의 『나무숲』 시들은 행간이 없이 자연스러운 호흡이다. 모호성은 시가 갖는 중요한 의미도 있지만, 어느 면에서는 독자에게 모든 것을 맡기는 의미도 있다. 이윤선 시인은 모호성을 독자에 맡기지 않고 행간의 호흡을 시인이 감당하는 것도 흥미롭다. 『봄의 신작들』에서도 같은 작법을 보였다. 시인의 이번 시집은 상당히 새로운 시도들이 곳곳에 보인다. "기울어진 어깨에도/ 새 둥지를 얹는다/ 추우면 추운 대로/ 바람 불면 부는 대로/ 태풍이 몰아친 대로/ 화로 같은 불볕 견뎌내며/ 한 세계와 두 세계가 같이 생을 견딘다" 「참느릅나무」는 크게 여운을 준다.

삶의 현장을 바닥에서부터 밀도 있게 포착한 시인의 시선이 느껴지는 서정의 연대기다. 시인의 언어는 화려하게 장식하지 않고, 고단한 현실을 비껴가지 않는다. 도리어 아픔, 곤궁함, 날것의 감정, 인간의 불완전함을 직시하면서도, 거기서 피어나는 자연의 위로와 인간의 끈질긴 생명력을 동시에 길어 올리는 특징을 보인다.

가령 「땀띠맨」이나 「1인극」에서는 우리 사회의 가장자리에 선 인물들의 초상이 등장한다. 단순한 관찰을 넘어, 그 인물들의 땀과 냄새, 생존의 무게가 생생히 느껴지는 묘사는 독자에게 깊은 감정 이입을 유도한다. 「거미」나 「잠자리 떼」처럼 작은 생물을 통해 세상의 질서와 폭력을 이야기하는 시편들은, 생태적 감각과 존재론적 통찰이 어우러진 인상적인 시선이다.

자연은 이 시집에서 단지 배경으로만 존재하지 않는다. 자연은 시인의 감정이 투영되는 거울이며, 인간의 삶을 은유하는 대상이기도 하다. 「연꽃」, 「물꽃」, 「꽃사과」, 「산사나무 연작」 등에서는 각 식물의 생태와 생명 과정을 통해 고요한 사유가 펼쳐지며, 삶과 죽음, 성장과 시듦, 시작과 끝의 순환을 품위 있게 노래한다. 특히 「꽃등」에서는 상처 입은 존재가 뿌리 깊은 의연함으로 다시 피어나는 장면을 통해, 인간의 회복 탄력성을 섬세하게 묘사된다.

시편들에는 '사람'이 자주 등장하지만, 그 사람은 꼭 고유명사로서가 아니라, 어떤 시대를 관통하며 살아가는 보통 사람들의 형상으로 나타낸다. 중학생 아이, 외발자전거를 타는 노인, 잠 못 든 이웃, 말벌을 무서워하는 가장, 문을 닫는 식당의 주인들… 모두 현실의 아픔 속에 살아있는 구체적인 존재들이고, 동시에 보편적인 인간상이다. 이들의 등장은 단순한 묘사를 넘어서, 시인이 품고 있는 연민과 사랑, 사회에 대한 애증과 반성이 교차하는 지점이다.

  삶의 위기와 고단함, 날것의 현실을 직시하면서도, 이 시들은 결코 절망으로만 향하지 않는다. 시인은 그 안에서도 "시드는 채비"를 하고 "노을을 짊어지고 돌아오는" 존재들을 통해 조용한 희망을 포착한다. 거창한 구원이나 변화가 아니라, 지금 이 자리에서 버티고 견디며 피워내는 꽃과도 같은 것이다. 「회귀」, 「말벌 소동」, 「생의 절벽 앞에서」, 「겨울 단상」과 같은 시는 이러한 통찰을 더욱 깊이 있게 보여준다. 이윤선 시인의 시를 감상하면 모든 시를 해설하고 싶다. 지면의 문제가 없다는 전제 아래서다. 시의 개별 해석을 넘어 전체적인 감상평으로 넘어가는 것이 좋을 것 같다.

  형식적으로 보면, 이 시들은 대부분 자유시의 형태를 따르고 있으며, 압축적인 문장과 리듬, 직관적인 이미지 사용이 특징이다. 감정은 절제되어 있으나 그 안의 정서는 격렬하며, 언어는 담백하나 심오하다. 읽을수록 겹겹이 쌓여 있는 다층의 의미가 느껴지는 구조다. 삶에 대한 연민과 관찰, 자연에 대한 경외와 유머, 인간에 대한 복잡한 감정이 정제된 언어 속에서 동시에 피어나고 있다.

  누군가의 삶을 바라보는 것이 아니라, 그 삶 안으로 천천히 들어가 함께 숨 쉬는 방식으로 쓰였다. 시인은 고통과 생존의 현실을 과장 없이, 그러나 감정의 결을 따라

깊이 있게 붙잡는다. 그러면서도 인간과 자연, 생과 사의 경계를 구분 짓기보다 그것이 어떻게 어우러지는지를 사유하고 있다.

시집은 인간 존재의 밑바닥에서 피어나는 작고 조용한 '시'의 환기다. 우리가 잊고 사는 '느낌', '고단함', '살아내기'를 단단한 언어로 붙들어낸 시인의 세계는 오늘날 우리가 다시 되돌아보아야 할 삶의 풍경이자, 잃지 말아야 할 마음의 결이다.

첫눈, 느티나무, 은행나무, 참나무, 팽나무, 목수국, 돌탑… 작품들에서는 나무, 눈, 꽃, 강, 돌탑 등의 자연물이 단순한 배경이 아니라 정서적 동반자이자 신령한 존재로 다가온다.

자연과 교감하고, 그 안에서 자신을 투사하고, 치유하고, 다시 살아나기를 시도하는 마음이다.

"한 생도 허투루 살지 않은 기록들을 읽어간다"「강원도 고성 은행나무 2」

"돌에도 신이 있다"「돌탑」

자연은 과거와 현재, 시간과 존재의 층위를 꿰뚫는 어떤 '의식'처럼 묘사된다. 이 시인은 자연을 단지 아름답게 노래하지 않고, 그 속에 삶의 진실과 인간의 내면을 직시한다.

팽나무, 방생, 덫, 표범장지뱀, 그날의 보성강에서 등의 시에서는 상실, 고통, 트라우마가 정면으로 다뤄진다.

"기억의 방에서 누수되고 있는 우릿하고 답답함"「팽나

무」 "피라미들은 모른다… 눕혀진 피라미들, 파리한 몸에서 식은 냄새가 풍긴다"(「덫」) 이는 일종의 인간적 진실에 대한 고백처럼 느껴지며, 쉽게 치장되지 않는 서사의 리듬이 독자에게 깊은 공감과 정서를 유도한다.

그날의 보성강에서는 특히 인상 깊다. 현실의 참혹함, 인간의 절박함, 우정과 의무감, 소문과 낙인 같은 시골 공동체의 민낯이 사실적으로 묘사되며, 한 소녀의 성장담이자, 작은 영웅 서사로 완성된다. 리듬과 긴장감, 감정의 굴곡이 매우 탁월하며 단편소설 이상의 울림을 남긴다.

목수국 연작은 파격적이면서도 아름답다. 탐스러운 생명, 젖무덤, 결핍과 풍만이라는 상징들이 육체적이면서도 초월적인 모성의 형상으로 확장되어 매우 강렬한 시적 경험을 제공하고 있다.

"꿀꺽꿀꺽 생의 페이지를 배부르게/ 넘어가고 싶다" "배곯은 아기에게 젖동냥을 주고 싶게 한다" 몸과 존재, 어미와 자식, 결핍과 충만히 강력한 이미지로 맞물리며 생명의 근원에 대한 시인의 갈증과 동경을 느끼게 한다.

돌탑, 방생, 덫, 용문사 은행나무 등에서는 살아있는 것들에 대한 연민과 책임감, 그리고 윤리적 태도를 드러낸다.

방생과 덫은 생명을 살리려는 시인의 몸짓 생명조차 몰랐던 운명의 비극을 병치하며 강렬한 대비를 이룬다.

덫은 사실상 인간 세상의 은유이며, 시류를 읽지 못하면 소멸한다는 냉혹한 통찰을 전달한다.

전체적으로 시의 언어는 감각적이고, 육화되어 있으며,

종종 구어체와 문어체가 유기적으로 섞여 입말의 생동감과 묘사의 밀도를 동시에 확보하는 면이 특징이다. 때로는 산문시, 때로는 전통 서정시의 운율이 엿보이기도 한다. 이윤선 시인의 시편들은 하나의 세계다. 자연의 숨결 속에 인간의 몸과 마음, 역사와 존재, 상처와 희망이 함께 녹아 있다. 이번 시집에서는 장시를 통하여 새로운 음성을 가졌다는 점에서 큰 공감과 더불어 높게 주목하고 싶다.

거기엔 가식 없는 감정, 지독한 생의 진실, 무겁게 쌓은 성찰의 언어들이다.

가끔은 눈물겹고, 가끔은 웃기고, 가끔은 무섭고, 가끔은 무한히 따뜻한 언어들이다.

마지막으로 인상 깊었던 한 구절로 마무리하고 싶다.

봄의 성냥개비 촉들을 빼꼼히 꽂아놓고
봄꿈 속으로 잠겨가는 거목
―「강원도 고성 은행나무 2」

이 한 구절만으로도 이 시집의 세계가 품고 있는 희망, 생명의 지속, 그리고 기다림이 느껴진다.

나무숲

이윤선 지음

발행처	도서출판 청어
발행인	이영철
영업	이동호
홍보	천성래
기획	육재섭
편집	이설빈
디자인	이수빈 ｜ 구유림
인쇄	정우인쇄

등록　1999년 5월 3일
　　　(제321-3210002510019990000063호)

1판 1쇄 발행　2025년 9월 20일

주소　　　서울특별시 서초구 남부순환로 364길 8-15 동일빌딩 2층
대표전화　02-586-0477
팩시밀리　0303-0942-0478
홈페이지　www.chungeobook.com
E-mail　　ppi20@hanmail.net

ISBN　979-11-6855-383-5(03810)

본 시집의 구성 및 맞춤법, 띄어쓰기는 작가의 의도에 따랐습니다.
이 책의 저작권은 저자와 도서출판 청어에 있습니다.
무단 전재 및 복제를 금합니다.